岡本茂樹

教出殺人犯

Shigeki Okamoto

III

Kyoaku Hanzai Sha Koso
Kosei Shimasu

凶悪犯罪者
こそ更生します

黃紘君　譯

治好心裡的傷，
才是真正的教育

推薦序

治好心裡的傷，才是真正的教育

Foreword

◆推薦序
——多一點寬容，少一點仇恨
多一點協助關懷，少一點排擠淘汰

已逝日本京都立命館大學教授岡本茂樹本是臨床教育學的專家，去世前幾年將自己在少年院（我國的矯正學校）與監獄中輔導犯罪者的經驗書寫成冊，結果一炮而紅，成了著名的矯正教育專家。

最初的第一本是二〇一三年年初的《無期徒刑受刑人有可能更生嗎？：一個人真的無法改變嗎？》（無期懲役囚の更生は可能か—本当に人は変わることはないのだろうか）。這本是學術書籍，雖然論述完整，禁得起學術考驗，但是並沒有引起轟動。幾個月後，岡本茂樹教授改變策略，將自己的論點用簡潔鮮明的標語表達出來，並且以「新書」（口袋書）的方式出版，這就是造成轟動的《教孩子反省就是教成罪犯》（反省させると犯罪者になります），臺灣翻譯成《教出殺人犯Ｉ：你以為的反省，只會讓人變得更壞》。而其生前最後一本書是一年後的二〇一四年的口袋書《兇惡的罪犯才有辦法更生》（凶悪犯罪者こそ更生します），臺灣翻譯成《教出殺人犯Ⅲ：治好心裡的傷，才是真正的教育》。至於《教出殺人犯Ⅱ：「好孩子」與犯罪的距離》則是遺著。

岡本茂樹教授生前最後兩本口袋書，出版間隔不過年餘，所以基本論調看起來幾乎一模一樣，只不過一本敘述非行少年，另一本討論長刑期兇惡犯罪人的更生。但是仔細看完後，就會發覺兩者在處遇策略所強調的重點其實有所差異。

簡而言之，非行少年因為是未成年人，陷入犯罪淵藪的期間不是很長，欲發現其犯罪原因並將之去除，並不是很困難之事，也因為仍舊年輕，社會復歸方面也較容易獲得資源。反之，被標示為ＬＢ的長刑期、犯罪傾向嚴重的受刑人，則身陷犯罪頗長一段時間，犯罪成因複雜，再加上長期被關在監獄，社會資源已經斷絕，其更生可能性極低，並不難想像。如果將岡本教授的論點分成前後兩段，亦即促成真實反省與更生兩個階段，可以觀察到非行少年的處遇著重前階段，而長刑期嚴重犯罪人不論是哪個階段，都會碰到較為棘手的狀況。

延續著前一本書《教出殺人犯I》，岡本茂樹教授於本書中仍舊強調直接要求犯罪人反省，沒辦法促進其更生。犯罪人之所以犯罪，是因為長年累積下來的壓力或負面情緒。有些人是因為過於強硬的教養，有些人或許是因為家暴、霸凌等，原因不一而足，若不適度引導他們宣洩負面情緒，在內心充滿怨憤或錯誤觀念的情形下，無法將新的正面情緒植入其心中，而這個正面情緒正是對被害人或其遺屬產生歉意，進而反省自己過去錯誤的基礎。於這個階段，岡本教授建議採取諮商或角色書信療法來進行處遇。雖然不見得一定有效，但愈是長久的積壓，一旦成功，力道則愈是強烈，受刑人將可穩健踏出更生的第一步。

不過，下一步可能更加艱困。受刑人長期生活在單調的監獄中，一切都是按表操課，甚難培養出正常的人際關係。於此，岡本教授建議採取團體療法或書信交換的處遇手段，除了培養受刑人理解他人的能力外，亦能發展出依賴他人甚至被人信賴、依賴的正面情緒。人在尊重他人的同時，才會感受到受尊重的氛圍。以往我們強調尊嚴時，通常只主張作為一般人或一個人的尊嚴，這叫「人性尊嚴」或「個人尊嚴」。然而，如今我們應該強調的是人際關係的尊嚴，只有在照護他人的同時，也受到他人照護的情況下，才會感受到受尊重，這叫作「關懷的尊嚴」。

在監獄中，因為戒護保安的需求，一般而言不會鼓勵這種關懷尊嚴的建設，這或許是監獄生活的宿命。所謂「教化為先，戒護第一」的監獄行刑鐵則，通常是單方面強制反省，然後嚴格限制受刑人間的互動往來。岡本教授憑藉著在監獄服務多年的經驗，自然知道這些侷限，所以才在書中最後建議幾項獄方能採取的對策，企圖改造監獄的文化。舉凡監獄官的改造、階段性行刑、更生後的前受刑人協力，以及前述的晤談、集團療法等，都是從事監所研究者耳熟能詳的建議。然而，多年來這些都是鏡花水月，足見監獄圍牆的厚實。

當然，以上所論僅是關於長刑期受刑人的心理建設而已，這些受刑人的更生還有更大的障礙，就是出獄後的人際關係建設與社會資源調節，這就牽涉到整體社會氛圍和政府機關的態度了。

我國多年來採取兩極化刑事政策，對於嚴重的犯罪人或累犯，均展現出淘汰或不友善的態度。長刑期和受刑人人口老化都已是燃眉之急。但是政府除了強化給養與醫療外，並無多少積極策略。這些受刑人在沒有真正反省的情況下，直接被拋棄到冷漠的社會。等在他們面前的將來，或許只有再犯或默默在公園中等死。此際，「穿著囚服的國民」這個標語，正發出揶揄的冷笑。

本書告訴我們，多一點寬容少一點仇恨，多一點協助關懷少一點排擠淘汰，社會才會健全成長。然而，人心與人性的改造，真的是很困難。

國立臺灣大學法律學院名譽教授／李茂生

◆推薦序
——看似更生指南的教養守則：從看見心裡的傷開始

我曾有位鑄下大錯、傷害過許多人，而被司法體系與社會公論共指為「毋庸在意程序瑕疵，應速審速決」的當事人。判決確定後，為了平息社會公論，法務部很快將他送上刑場槍決。其時，距離判決確定僅短短十八日。

最高法院破例提訊這位當事人到法院進行最終言詞辯論（俗稱生死辯）的那一天，我們辯護律師團實際上已經與當事人相處有數年光陰。但我們並不知道，當天他會在法庭上憑著自己的意氣發言。

當天辯論主軸用白話的說法，自然是「被告該不該死」；若以法庭中矯揉造作的「偽」法律術語來說，則是「被告有無教化可能性」的辯論。之所以說「教化可能性」是偽法律術語，是因為綜觀臺灣法律，其實從未有過此一名詞，自然也無從定義，更沒有法律依據可以把這種不確定的概念拿來和剝奪生命的判決做出連結的空間。

這位當事人在最高法院的法庭上，除了對被害人與家屬，以及社會表達歉意之外，還花費相當的時間在法官面前指陳受刑人在監所中所受的非人待遇，實則讓這些螻蟻般的受刑人根本無從反省、表達歉意，哪怕想用自己僅剩的勞力方式贖罪亦不可得。

在言詞辯論時，我在最高法院合議庭面前提到「教化可能性」這件事。我說：如果法院對「教化可能性」這個概念是認真的，也試圖尋索一個理由給予罪大惡極的犯罪者一個更生機會，那麼被告在法庭上的發言或許已經證實了教化可能性是存在的。數年的囚獄時光，讓他看見了生而為人的荒謬與困境；從堅持己見到公開道歉，從冷漠無情到心繫他人。最後，他甚至願意用自己人生最後一段公開發言的時光，將受刑人的遭遇公開揭露。

我繼續向合議庭說：我們沒有人想淡化被告所鑄下的大錯、造成的傷害；但如果庭上的各位真心有意思考教化可能性是什麼，我想被告的發言可以看作是他乾涸心田裡長出的一葉嫩芽。

但我沒有機會向法院訴說的，則是我們辯護律師團的成員在承辦案件的過程中，透過仔細的蒐證、訪談、無數次律見所看見的被告與他心裡的傷。

逝者俱往，但當事人對被害人與社會造成的傷害影響至今想必仍在。因為這個案件也深受社會撻伐的我，卻也還記得在某次律見時，被告對我細細、悠然地陳述他二十歲之前人生的所有細節——那些恨意，那些不理解與疏離，以及對於那些願意接住他生命的高中導師與同學們的感慕。

氣力放盡的我，只是靜靜地聽。

聆聽很難。

嚴格說來，《教出殺人犯III》這本著作所提出的兩個重點並不難理解：「治好心裡的傷，才是真正的教育（化）」以及「人都有被聆聽、被注意、被認同、被愛的需求」。

從上述主軸出發，作者論及更生矯治可能性所提出的重點步驟，包括以傾聽為始、讓更生者全面宣洩負面情緒（亦即犯罪時所賦予自己的「正當化」事由）等實踐方法，其實都與近代司法心理學相關研究結果和主張殊途同歸，包括認知會談（cognitive interview）、行為矯治理論，乃至認知行為療法（Cognitive Behavioral Therapy, CBT）宗師貝克醫師（Dr. Aaron D. Beck）所提出的「理解加害者的憤怒」（可參見《忿恨的囚徒》〔*Prisoners of Hate*〕一書）等。

這些重要的研究與主張都在在訴說同一件事：人是有可能改變的。但當事人找到自主改變的動力與契機之前，需要對自己的困境（包括不知道自己所犯下的錯、假性反省／懺悔，有如書中美達大和的案例）有所覺察。要出現那樣的覺察，首先必須讓他有機會把內心的「負面情緒」排光。這一切，始於聆聽。透過聆聽的方式，讓這些人心裡的傷痕在負面情緒的偽裝水位退去後，真正被看見。

聆聽二字，說來輕易，但在這個眾生不等、凡事從速的社會，何其困難？尤其是面對那些身陷囹圄，一路行來早已習慣被他人否定也否定自己的受刑人，又有誰願意聆聽？

就此以言，向來對於教化資源錙銖必較的臺灣矯治機關，如果真的在意「矯治」二字，或許確實有必要認真考慮作者在本書之末所提出的五點建議。但在那之外，我更想進一步指明的是：本書所提到的相關基礎概念與步驟技巧，或許同樣迫切需要傳授給所有身陷於家庭、親子關係困境當中的成年人們。

畢竟，對那些需要面對自己生命傷痕，正面凝視身旁惡水的人們，如果可以在他們即將跌出這張稀疏的社會安全網之際，透過聆聽而減少一個未來的犯罪人，那就太好了。

執業律師、司法心理學研究者、司改國是會議委員／黃致豪

◆推薦序

——接納是協助的第一步

我在監所擔任社工，每次和受刑人談到為何犯罪，常聽到他們說：「因為朋友叫我幫他報仇」、「都是因為對方先惹我」、「因為他不還錢」、「我也沒想殺他，誰知道他失血過多就死了」。這些受刑人「不認為自己有錯」，都是「被別人害的」，甚至覺得自己很「委屈」。

一位我服務過的受刑人小李，他犯下殺人罪，對象是餐廳店員。他說：「每次去那家餐廳，店員都把盤子用力摔在桌上，我已經忍他很久了，有天決定拿刀給他一點教訓，沒想到他失血過多就死了，但誰叫他先用這種態度對我！」我請小李寫一封信給餐廳店員，特別叮囑：「不用向對方道歉，只要寫出你的真實感受就好。」

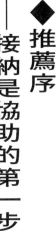

信的前半段，小李不斷埋怨餐廳店員：「如果不是你先瞧不起我，我也不會殺你」、「都是因為你，我現在被關進來」等指責被害人的文字。然而，信的後半部開始有了轉變：「雖然我說都是你的錯，但事實就是我害你死掉的」、「你也有爸媽家人吧，抱歉我奪走你和他們相處的機會」、「我現在才了解自己犯下無法挽回的錯」。發洩完後，小李第一次面對自己犯下的罪，真誠地問：「我可以怎麼彌補被害人家屬，向他們表達我的歉意？」

日本著名更生專家岡本茂樹曾在監獄擔任輔導人員，參與受刑人更生工作多年。他寫的《教出殺人犯Ⅰ》告訴我們先看見、處理受刑人的創傷與壓力，才能讓他們發自內心真誠道歉。本書《教出殺人犯Ⅲ》則進一步告訴我們，對於「不認為自己有錯」的受刑人也可以透過這個方法，讓他們通往真正的更生之路。

無論日本或臺灣的矯正機關，輔導受刑人的方式多是要求他們寫下文情並茂的反省作文，列舉自己做錯哪些事、有多後悔，並宣告永不再犯。但岡本茂樹提出一個顛覆性的觀點——一味要求受刑人反省，只是增強假意道歉和寫悔過書的技巧，做出違法行為的真正理由不會因此消失。

岡本茂樹認為，許多受刑人小時候遭受虐待、霸凌、疏忽、壓抑、性侵等不當對待，長大也沒被好好善待，被撕裂的身心始終沒有結痂、癒合，導致他們無法信任身邊的人，遇到問題不知向誰求助，常常就這樣走上歹路。因此，在「悔過」之前，必須讓長期處於壓抑狀態的受刑人釋放情緒，看見過去的創傷。

從《教出殺人犯Ⅲ》和小李的服務經驗可以看到，當受刑人不認為自己有錯，心中滿溢著憤恨的情緒，不可能透過反省教育面對自己的罪過。我從頭到尾都沒有要求小李反省，只是建立信任感和營造安全感，引導他將內心情緒宣洩出來，不加以否定、批評。一個重要理念是：接納是協助的第一步。當受刑人開始感受到自己的疼痛，才能理解被害人的傷痛；當一個人開始珍視自己，才能體會他人生命的重量。

獄政工會理事／巫馥彤

目次 CONTENTS

Chapter 1 受刑人無法更生的真正理由

受刑者が更生できない本当の理由

Chapter 2 「懂得反省的受刑人」美達大和無法更生

「反省している受刑者」美達大和は更生できない

Chapter 3 用對等的態度看待受刑人

受刑者も一人の対等な人間である

Chapter 4 グループワークは「飲み会」です

◆小組討論其實是一種「聚餐」

Chapter 5 刑務所は受刑者と向き合えるのか？

●監獄能夠好好面對受刑人嗎？

結語

前言

治好心裡的傷，才是真正的教育

Preface

◆前言

「這十年來，我在監獄裡想的都是出獄之後要拿傢伙（手槍）斃了那對在法庭上做僞證的鄰居夫婦，然後自己再去死。我一直把這件事當作人生唯一目標，過完剩下（在監獄裡）的日子。」

這段話出自一位犯下殺人罪的五十多歲受刑人口中。我們初次面談三十分鐘後，他告訴了我這些「心聲」，姑且稱他為後藤。

後藤在監獄過著「晝夜獨居」（現在稱為「單獨處遇」）的生活，白天不是和其他受刑人一起到工廠工作，而是在獨居房做些家庭代工，晚上也是獨自一人，一整天都沒有和任何人往來。晝夜獨居的理由可能是受刑人間出現霸凌問題、疲於人際關係，也可能是生病，但大多是不服管教或反抗獄方才會受到「隔離」處遇，而後藤就屬於這類處遇困難的受刑人。

後藤主動提出希望與我面談，理由不是想更生。他一開口就表明來意：「最近不知道為什麼老是想到小時候的事情，而且一想到就一肚子火，甚至氣到想亂砸東西，是不是因為我晝夜獨居久了，得了人家說的『拘禁病』（長期監禁導致精神異常）？老師，您可以幫我看看嗎？」他接著又說：「我為了讓自己冷靜下來，現在接觸了基督教和佛教，可是好像一直沒什麼用，所以才決定找心理學的專家聊一聊。」

我提醒他宗教雖然是個讓內心平靜的好方法，但是如果內心有太多惡劣情緒，宗教有時只是扮演將它掩蓋起來的角色。我接著問道：「可以告訴我你小時候的事情嗎？」後藤開始向我訴說童年往事。

父親在他小的時候幾乎天天毆打母親，他自己也受到父親的嚴厲管教。我接住他的痛苦，向他說明兒時經常受到不當管教的孩子，和遭受虐待的孩子一樣內心會留下創傷，有些人即使長大成人也會因為這些創傷出現身心症狀。

他聽了恍然大悟，提到曾有一位司法人員對他說過：「我知道你小時候的環境很辛苦，但是你現在都是個大人了，小時候的問題應該已經解決了。你所犯下的案件跟小時候的事情無關，被判處殺人罪是理所當然的。」若後藤說的是事實，那麼這位司法人員就是做了錯誤的解釋，他不了解兒時遭受不當管教的人內心的傷口有多深。不過話說回來，這也是可以理解的，畢竟幾乎所有司法人員都不具備心理學知識，也不知道如何處理「內心的問題」。

後藤開始說起自己犯下的案件。當時他沒有工作又有毒癮，把住在附近的一名酒精中毒男子當作霸凌對象。他無法原諒毒品成癮的自己卻又戒不掉，於是將內心的煩躁發洩在那名男子身上。

某天他拿出菜刀想嚇嚇那名男子，但可能因為吸毒，頭腦不清醒，一時手滑，菜刀刺進那名男子的側腹部，刀子貫穿身體導致死亡。法庭上，一對鄰居夫婦做出「聽到爭吵聲」的證詞，他反駁「沒有爭吵，只是一時手滑，他們說謊」，但是法院並未採信，判處殺人罪，讓他對鄰居夫婦懷恨在心。他對自己犯下的案件表示「根本是冤案」，甚至語帶憤怒地說「我才是被害人」。

剛進監獄服刑時，後藤和其他受刑人一樣到工廠工作，進行監獄作業，但始終忘不了法庭上發生的事，覺得認真工作的自己像個白痴，因而拒絕監獄作業，過上晝夜獨居的生活。直到遇見我的十年之間，他腦中想的只有「報復那對做偽證的鄰居夫婦」。這件事他不曾說出口，一直埋藏在心裡，當然也沒有面對自己犯下的罪，更遑論對被害人有絲毫的反省。

一般人聽到後藤的想法，應該會責備他「明明是你自己吸毒不對」，或者對他曉以大義「想想死者，好好反省」，但是我關注的是他願意告訴我真實心聲。

「這些話你一直忍著不能說，一定很痛苦吧？謝謝你告訴我。」我接著問他：「你小時候是怎麼看自己的父親呢？」

「我很恨他，想著總有一天要殺了他。」他告訴我父親對他做過的各種身體與言語虐待。

我聽了之後問他：「你現在必須丟掉心裡那些『討厭的東西』，全部丟掉的話或許會有所改變也不一定，你要試試看嗎？」

他的表情產生了變化：「老師，我有辦法更生嗎？」十年來只想著復仇的他，經過短短的三十分鐘面談，居然萌發「我想改變」的念頭。他用一臉擔心的表情問我：「像我這麼糟糕的人也可以重新來過嗎？」

「跟你犯下多嚴重的罪無關，只要你願意面對內心，就能重來。」我如此告訴他，並且出給他一項功課——請他寫一封「我寫給做偽證的夫婦」的信。這是運用「角色書信療法」（Role Lettering, RL）的心理學技法，不會將信件寄出，而是透過寫信整理自己的心情，把想說的話全部寫在信紙上。

面談結束前，我對他說：「後藤先生，重新做人吧，我會陪著你一起。」他頓時眼泛淚光。

我現在是以外部協助者——教誨志工（協助受刑人的民間志工）的身分在收容重刑犯的LB指標監獄提供協助，包括與受刑人進行個人面談、設計更生課程並且授課。LB的L是Long的縮寫，指的是十年以上刑期，B則是指累犯等嚴重犯罪傾向。ＬＢ指標監獄的收容人一般稱為「長刑期累犯受刑人」，犯罪類型以殺人居多，在矯正圈被視為「無法更生」。儘管如此，從前述面談可知，不論他們犯下多麼慘無人道的罪，當機會來臨，還是會萌發重新做人的念頭。

犯下兩起殺人事件，正在ＬＢ指標監獄服刑的無期徒刑受刑人美達大和曾表示，幾乎沒有受刑人會反省自己的罪（二〇一〇年《死刑絕對肯定論：無期徒刑受刑人的主張》新潮社、二〇一一年《何謂殺人：ＬＢ監獄殺人犯的告白》新潮社）。我本來也和美達一樣，認為大多數受刑人都沒有反省，直到與他們面談、授課，親眼見到許多人學會反省後，我的看法改變了。從後藤的例子可知，**受刑人不是「沒有反省」，而是因爲無法向人傾訴內心話，所以「沒辦法反省」**。

後藤若不是被兒時創傷折磨也不會來找我面談。如果沒有遇到我，他剩餘的刑期只想著報復，出獄後說不定真的會去殺人，如此一來又造成兩位被害人，而他的人生不是自殺告終，就是成為死刑犯終老。產生新的被害人已經是場悲劇，身為加害人的後藤同樣慘不忍睹，然而監獄裡多的是像後藤這樣的受刑人。

對於不知反省的受刑人，監獄自然施以「反省教育」，要求他們體會被害人和家屬的痛苦與悲憤。但是請各位試想，對於忘不了法庭上憤恨情緒的後藤而言，他真能做到體會被害人的感受嗎？

各位或許會覺得後藤的心態很奇怪，但其實我們多數人都和他一樣有過類似經驗。例如某人故意惡作劇，而你明明和這件事無關卻被誤會是「兇手」，這種背黑鍋經驗相信很多人都有過。後藤的情況也是，縱使所有人都認為他必須負全責，但只要當事人認定自己被冤枉，就不可能面對自己的罪過。當然殺人事件和雞毛蒜皮的惡作劇不能相提並論，但心理上是相通的。

後藤一廂情願認為「我才是被害人」，像他這樣對自己所犯的罪閉口不談，一心認為「是被害人的錯」的受刑人比我們想的還多。對他們施以反省教育可說是對牛彈琴，不僅無效，還會增強他們的恨意：「為什麼我要接受這種教育？」所以反省教育並沒有為受刑人帶來反省的契機。

我從頭到尾都沒有要求後藤反省，只是傾聽他的「理由」，而他也因為第一次把內心話說出來，產生「我想改變」的念頭。美達大和以受刑人的角度表示「幾乎沒有受刑人反省」，而我站在協助受刑人更生的角度，真實情況是現在的監獄環境下「幾乎沒有受刑人有辦法反省」，也因此，讓他們表達心聲絕對有其必要。

我於二〇一三年在新潮社出版《教出殺人犯I：你以為的反省，只會讓人變得更壞》[1]，原書名是《教孩子反省就是教成罪犯》，很多人批評「書名太偏激」，我在出版前就料想到了仍然執意如此，並且刻意使用「罪犯」這個詞，理由是我想讓所有在矯正學校、監獄工作的職員，還有努力育兒的家長、學校老師，以及社會上的每個人都知道——一味要求出現問題行為的人反省，結果就是讓他變得更壞。

書中說明這不僅適用於犯罪的人，所有出現問題行為的人也是如此。要求反省縱使沒有讓他們變成罪犯，也會成為往後人生痛苦的來源，最糟的結果莫過於自殺。從斷送自己生命這層意義來看，即使遭受責難我也要說，自殺的人也是一種罪犯。

該書最大目的是對「做錯事就該反省」的價值觀提出質疑。出版後獲得出乎意料的迴響，網路上的評價大多是「令人茅塞頓開」、「撼動我的價值觀」、「對育兒很有幫助」等正面回饋，也獲得報章雜誌、廣播電視等媒體報導，還有學校、醫療、社工、司法等各領域單位與我聯絡，迴響甚至廣及海外，在韓國也獲得翻譯出版。更令人驚訝的是，我收到看守所嫌犯與監獄受刑人的來信，曾經犯罪的人因為看了我的書，重新檢視自己，進而產生更生的念頭，確實令我喜出望外。

而我動筆寫這本書的契機是來自讀者在X（前推特）上的留言：「如果有續集我一定會看」，這句話激勵了我，決定寫下續集，事實上我很想把《教出殺人犯I》所沒能寫到的受刑人現狀與如何給予協助記錄下來。

本書前半記錄了沒有反省的受刑人心聲，讀了或許會感到生氣，但這就是他們的真心話，我要先強調接納才是協助的第一步。另外，各位或許會感到意外，對於少數「有在反省的受刑人」，我也會指出他們的問題。靠著一己之力努力反省，很可能往錯誤方向發展，而代表人物就是美達大和，第二章會詳述他的故事。

美達大和自二〇〇九年起陸續出版著作，是一位蔚為話題的無期徒刑受刑人。他主動放棄假釋機會，表示自己將一輩子在監獄服刑贖罪。相較於絕大多數不思反省的受刑人，美達能體會被害人家屬的悲痛且選擇老死獄中的態度，獲得大眾肯定。因此他雖然是殺人犯，卻有不少支持者。

然而，美達真能體會被害人的感受力圖更生嗎？基於他「獨自反省」這點，我抱持懷疑態度。自己一個人反省無法面對內心，正因為無法面對內心，他並未覺察內心深藏許多負面情感，也因此，他的價值觀和思考模式與入獄前並無二致。我的說法或許嚴厲，我認為美達大和沒辦法更生，理由就在他所寫的書裡(尤其是小說)。雖然他對外表示不會踏出監獄，至少我從他的書裡確實看到，即使他獲得假釋，也很可能再犯，我不能讓這樣的受刑人重返社會。

很多讀者或許不清楚美達大和這號人物，請各位當作是某個無期徒刑受刑人案例，一起思考所謂贖罪究竟是什麼，當然我的說明會讓即使不認識美達大和的人也能夠理解。不過請各位不要誤會，我指出美達的問題是我自己多管閒事，但我希望他能真正更生。理解美達的案例不僅有機會幫助到他，也能帶給矯正教育工作者些許啟發。

本書後半會詳盡介紹個人面談與團體輔導的具體進行方式，各位可以讀到受刑人的案例、我與受刑人的對話、受刑人的親筆書信。我也會說明如何藉由團體輔導引導受刑人說出真心話，導向真正的反省。而最後一章除了抱怨現今的監獄體制外，我也會從組織的角度，針對協助受刑人更生提出我的建議。

本書原書名是《兇惡的罪犯才有辦法更生》，可能又會引來一陣批評，但我絕非誇大，而是真的如此認為。我當然有我的理由，與前面提到ＬＢ指標受刑人被認為「不可能更生」有關。正因為他們被貼上「不可能更生」的標籤，ＬＢ指標監獄的監獄官對於管理與維持秩序的要求遠高於其他等級的監獄，更不可能傾聽任何一位受刑人想說的話。受刑人當然也很清楚獄方的態度，不可能把真正想法告訴監獄官，即使會聊一些日常對話，但是絕不吐露真心話，如此一來也沒機會回頭檢視自己的過去，更不會思考究竟為何走上犯罪，只是接受監獄為他們準備的「反省教育」，做做「表面反省」。

這些人都是傷害他人的罪犯，這是不爭的事實，然而，他們也沒發現自己之所以傷人其實與小時候和父母（照顧者）的互動有關，正因如此，更需要從傾聽他們說話做起，慢慢理解什麼原因讓他們鑄下大錯，他們的覺察也會由此而生。愈是墜入萬劫不復深淵的受刑人，其覺察會愈深刻，這就是我認為愈兇惡的罪犯愈能更生的理由。

一旦覺察到出現問題行為的契機不是「傷害他人」，而是「自己受傷了」，服刑期間愈長，抑或是反覆犯罪、被判處重刑的受刑人，對內心的洞察會愈深刻，想重新做人的強烈慾望是A指標（初犯或犯罪傾向尚不嚴重）受刑人所無法比擬的。當他們發現小時候的心理創傷與自己的犯罪行為有關，內心會感受到巨大衝擊。一旦將內心的痛苦徹底釋放出來，並且讓傷口癒合，就會產生「想跟人好好相處」、「想踏上新的人生」的慾望。當然，我不會自以為是地認為所有受刑人都能更生，但確實有兇惡的罪犯更生了。

本書與《教出殺人犯Ⅰ》不同的是，完全以受刑人為主軸；然而相同的是，我希望不僅止於矯正教育工作者，每位家長、老師、心理師等不同背景的人都能閱讀本書，因為一般人也能從協助重刑犯的案例中，獲得思考心理問題的重要啟發。

書中提到的受刑人，都是收容在LB指標監獄的長刑期累犯受刑人，案例內容一律經過處理，無法與本人連結，他們所寫的文章也在不影響內容的前提下經過調整。此外，書中引用的案例均獲得獄方與受刑人本人同意所刊載。

● 1　遠流於二〇二三年八月出版繁體中文版。

第1章

受刑人無法更生的真正理由

治好心裡的傷，才是真正的教育

Chapter 1

受刑者が更生できない本当の理由

凶悪犯罪者こそ更生します

◆犯下殺人事件的理由是「遺傳」?!

本書的開頭我想先談我剛到監獄服務的情況。事到如今我才敢承認，其實當時我對「監獄」是什麼樣的地方毫無所知，還以為每所監獄都一樣，直到過了好一陣子才發現自己服務的監獄專門收容重刑犯，也就是「LB指標監獄」。

頭一年我只與受刑人進行個人面談。那時時序進入初夏，受刑人都穿著短袖短褲，我先是被他們的外表嚇了一跳，好幾人的手臂和雙腿刺滿刺青，讓我感到很害怕。面談頻率是一個月一次，雖然這麼說很丟臉，但是我不得不承認每到面談日的前一天，心情都特別沮喪：「唉，明天又要去監獄了……」甚至想過是不是該辭退這份工作。

抱著這樣的心情持續進行面談，時間一久也習慣了，看到刺青也不以為意，逐漸把目光放在他們的表情。這麼說各位或許會感到很意外，與我面談的受刑人都是很溫和的人，不禁令人懷疑：「這個人真的是殺人犯嗎？」最驚訝的是他們各個看起來都很健康，理由很簡單，每天早睡早起，時間到了就進行監獄作業，晚上九點熄燈，過著有條不紊的規律生活。飲食也很均衡，熱量經過仔細計算，簡單來說就是健康飲食，有代謝症候群的受刑人在入獄後幾個月就會降到標準體重。偶爾會看到他們剛入監時的檔案，光是照片簡直判若兩人。獄中的受刑人撤除身上刺青，外表和社會上的一般人並沒有太大不同。

我在監獄和在其他地方都是以同樣方式進行諮商，也就是從「傾聽」開始，從沒要求過他們反省。對於坐在我面前的每一位受刑人究竟是如何走上犯罪，我始終保持著好奇心，盡全力理解他們。而他們也在面談過程中願意聽聽我的想法，偶爾能感受到他們被我所說的話打動。

後來與一名受刑人的面談經過，讓所有監獄官對我這個外部協助者另眼相看。我遇到的是一位三十五歲犯下殺人罪的受刑人，以下稱呼他為中川。

「我覺得很對不起被害人，也有在反省，但是不知道具體該怎麼做。我每天都會讀佛經、聖經，這樣就夠了嗎？想到這裡就讓我很沮喪，做什麼事都提不起勁。其實我無法理解被害人的痛苦。」中川在面談中如實說出自己的心聲。

當我問到犯案理由，他的回答簡直莫名其妙，竟然說「因為遺傳」，當下我還以為自己聽錯了，完全無法理解他想表達什麼。進一步追問原因，他毫不猶豫地回答：「我父親曾經犯下殺人事件，所以我也注定會殺人。」原來他深信自己遺傳父親的犯罪因子，所以苦於不知如何反省，即使反省也不深刻。

我開始聽他訴說生平，他提到童年的痛苦經歷。父母在他還小的時候離婚，他被安置在機構，成長過程中完全不知道什麼是父母的愛。父親在他高中時和被害人在居酒屋起口角，拿出菜刀殺了對方，而他親眼目睹這一切：「那時候，我腦中想的是『慘了，我的人生完蛋了』。」

見到父親在自己面前殺了人，他變得自暴自棄。此時對他伸出援手的是一位混黑道的朋友，過不了多久他也加入黑道。黑道老大很歡迎他，大嫂也對他非常親切。某天他接到老大的殺人委託，要他把組織的眼中釘，也就是被害人殺掉。於是他和父親一樣，拿著菜刀殺了被害人。

吐露完這段過去，他用激動的口吻說：「要是沒有那傢伙（被害人），我也不會被送來這種地方（監獄）！」

◆出現負面情緒就是好機會

當受刑人表達出對被害人的不滿或怨恨，監獄官通常怎麼處理呢？大多會指責他「太不像話」，要求他認真讀經和學道。若與教誨師（神職人員）面談，教誨師給予的建議也一定是「認真了解教義，心靈才能獲得救贖」。如此一來，中川會更加認真研讀佛經與鑽研聖經，但始終覺得心裡似乎有什麼東西卡著，反而更加迷惘。

這是教育工作者，尤其是監獄官常有的行為模式——用說教的方式矯正對方（受刑人）的錯誤想法，常把「你就是有這種想法才會犯罪」、「你的觀念是錯的」掛在嘴邊。確實監獄官說的都是對的，但正因為「正確」，受刑人無法反駁，好不容易敞開的心房又再次緊閉。講道理形同是讓人（受刑人）關閉心房的「語言兇器」。

受刑人表達負面感受一般是不被接受的，但這些都是真實心聲，況且表達心聲就是「好機會」，因為這是整理內心的第一步。而此時對他講道理，等於是硬生生把剛冒出的更生之「芽」拔掉。我們不該用講道理回應，而是詢問「為什麼會這麼想」，引導他探索自己未曾覺察的深層心理。以中川的例子，他的過去就在我試著問他「為什麼你會認為是遺傳呢？」之後，逐漸變得清晰。

我告訴中川：「要不要試著把對被害人的不滿寫成一封信呢？」這就是我出

給他的功課，以角色書信療法寫一封「我寫給被害人」的信。通常受刑人寫給被害人的信都是滿滿的悔意，畢竟對方被自己剝奪生命，哪能對他表達不滿。然而，所謂的矯正教育應該是「治療心靈」，即使對象是被害人，只要受刑人對被害人有所不滿，都得先將這些情緒宣洩出來，否則無法打從心裡反省。

原本中川只預計進行單次面談，但是我決定持續下去。第二次面談，他帶著「我寫給被害人」的信。信的前半表達對被害人的怨恨，充滿了「都是你不好」、「這一切都是你的責任」這類攻擊被害人的文字；但是到了後半，內容急轉直下：「把對你的所有不滿統統寫出來後，我才驚覺自己做了多麼可怕的事，不管原因是什麼，事實就是我奪走你的性命，我居然直到今天才理解自己犯下多麼不可原諒的過錯。」最後以「我不知道該怎麼表達我的歉意，我怎麼會做出這種事……真的非常對不起」結尾。

發洩完對被害人的負面情緒，中川才第一次面對自己犯下的罪。後來他又寫信給酒醉施暴的父親與拋棄自己的母親，分別表達內心的憤怒和悲傷，一步步整理心情。就這樣，我們的面談持續了十多次，最後一次他寫下由衷向被害人道歉的信。結束時他說：「我現在才知道光是道歉悔過不是真的反省，真正的反省要從回顧過去、正視自己做起。」然後向我深深一鞠躬。

◆應是拯救人心的宗教卻成為「兇器」

從中川的案例可知，最重要的是說出真心話。只要受刑人心中留有對被害人的不滿或怨恨，要他同理被害人並且自我反省，就人類的心理而言是辦不到的，必須先清理負面情緒才能真正面對自己的罪。

站在被害人家屬立場一定會認為這是「對死者不敬，不可原諒」，但是就如中川在初次面談所言，再怎麼讀經也無法使他理解被害人的感受。在監獄裡，當受刑人有心想反省，採取的方法通常是閱讀佛經、研讀聖經，感覺自己「有在反省」，中川也不例外。但這麼做其實很危險，因為此時的佛經與聖經具有「壓抑」的作用，最後只會與自己的真正想法更加背道而馳。他內心深處的「心聲」（＝對被害人的負面情感）無時無刻不在暗湧，反省相當於「蓋上蓋子」，但以掩蓋的方式處理負面情感只會造成壓抑。

各位請不要誤會，我不是認為受刑人不該學習宗教，而是必須先將心情整理好再來學習才會有幫助，至少就更生來看，跳過面對內心就直接接觸宗教是很危險的。每位受刑人之所以走上犯罪都有自己的「理由」（心聲），沒有釋放這些心聲就向宗教尋求解脫，即使能帶來短暫效果，終究沒有觸碰到問題核心。

另一個需要注意的是，中川認為自己犯案是因為「遺傳」。為什麼他把殺人理由歸咎於遺傳呢？「因為受刑人的腦袋都不太好。」這麼想就是把問題太過簡化。確實大多數受刑人都不曾好好受過教育，所以學力很差，但這並非真正原因。正如〈前言〉提到，他們從未有過好好被傾聽的經驗，也就沒機會思考自己的問題出在哪、自己犯的罪是否與內心問題有關。

讓我重新梳理中川的心境，這也是許多受刑人會落入的模式：

不知該如何反省。

↓

學習宗教。

↓

掩蓋負面情緒。

↓

內心總是感到疙瘩。

↓

更認眞學習宗教。

更加壓抑心聲。
↓
出獄前忍耐已達臨界點。
↓

中川認為犯案是「因為遺傳」，雖然毫無邏輯，但確實是他的真心話，因此如何回應很重要。請不要把他當作奇怪的傢伙，要求他「正經一點」、「不准亂說話」，而是好好聽進他的心聲。我們也常有說了真話卻招來指責或說教，覺得自己被潑冷水或反被激怒的經驗，受刑人也有同樣心情。然而現實情況是，矯正教育工作者往往沒有察覺自己的訓斥剝奪了受刑人更生的機會。我的說法或許嚴厲，受刑人之所以無法更生，指導者本身就是原因之一。

會說「因為遺傳」的案例雖然非常少見，但是每當詢問受刑人為何犯罪，都會得到像中川那樣不清不楚的答案。至於到底是哪些「不清不楚的理由」，讓我舉幾個案例說明。

◆「因為我很懦弱」、「我把事情想得太簡單」

受刑人最常說的「不清不楚的理由」就是「因為我很懦弱」，尤其是吸毒犯。把吸毒歸咎於「因為我很懦弱」，自然會認為「我要更堅強」，指導者也會要求他鍛鍊意志力。下定決心不再碰毒當然很重要，但光是如此不足以克制慾望，「我要更堅強」的想法反而會帶給自己壓力。當遇上難過痛苦的事，為了展現意志力必須更用力壓抑，最後爆發。指導者自以為是為了受刑人好而說出的鼓勵話語，卻成了助長再犯的原因。

說到底，「因為我很懦弱」才不是導致事件的原因。人都是軟弱的生物，正因為軟弱，必須倚賴他人才能生存。吸毒的受刑人都是因為沒辦法倚賴他人才會轉為投靠（倚賴）毒品。因此，想協助他們更生，必須和他們一起探討「為什麼變得無法倚賴他人」，而根源多半來自小時候的親子關係——父母（或照顧者）沒能接住他們的心。

例如孩子在學校因為朋友說了一句難聽的話而感到受傷，回到家後把這件事告訴父母，父母沒有接住他的痛苦，而是鼓勵他「堅強一點，不要為這點小事煩惱」。如此一來，孩子就不會再向父母傾訴煩惱，也無法放心向父母撒嬌，儘管遇到痛苦的事，也認為自己應該像父母說的「堅強一點」。當人愈堅強，內心就愈痛苦，此時若有壞朋友問他要不要抽菸，應該不用多久就會將手伸向香菸，因為抽菸可以暫時緩解內心的痛苦。長久下來，內心的痛苦愈強烈，就愈無法依賴他人，結果就是尋求更強烈的物品（刺激），這就是從抽菸一步步走上吸食強力膠、毒品的典型模式。

「我把事情想得太簡單」也是一樣情況。有些吸毒的受刑人出獄後若再次染上毒品，同伴會以暴力矯正他的「傻」，幫助他鍛鍊心性，這也是落入讓他必須「堅強一點」的套路。他們認為所謂的反省就是戒掉內心的軟弱，把痛苦和艱辛往肚子裡吞，最後累積太多壓力，又無法適時尋求他人幫助，只好再次走上老路（吸毒）。

吸毒之後犯下殺人罪的受刑人通常單純認為自己的犯案動機是「吸毒」，這當然沒有錯，但是他們的思考只到吸毒就停止，沒有繼續往下探索內心：究竟為什麼開始吸毒、為何不願意倚靠他人而選擇依賴物質，若沒釐清內心的問題，很容易重蹈覆轍。

毒品或酒精成癮的受刑人都有一個共通點——在日常生活中難以向人撒嬌，也不擅長表達自己的感受，正是這些壓力將他們推向毒品和酒精。因此，除了找出無法倚靠人的原因之外，也要學會好好依賴他人，練習適時向人求助，否則很難徹底和毒品或酒精斷絕關係。

◆「因為一時氣憤」、「因為我個性急躁」

讓受刑人形容自己的個性時，大多數人會回答「我的個性很急躁」，對於犯案動機則大多回答「因為一時氣憤就做下去（殺人）了」。認為自己個性急躁才去殺人，可謂「不清不楚的理由」裡最莫名其妙的。這類受刑人內心其實深藏著龐大的憤怒。以下舉一位五十多歲犯下殺人罪的受刑人案例，我稱他為阿部。

阿部說自己在居酒屋被捲入糾紛，當下「因為一時氣憤就殺了他（被害人）」，並且表示「現在有在控制情緒」，不但乖乖服刑，沒有做出違規行為，就算心裡再不爽，也會告訴自己「要忍耐、要忍耐」。這樣的受刑人其實很危險，因為控制憤怒意味著壓抑，遲早會爆發。阿部平時待人溫和，但生起氣來會以非常可怕的暴力行為給對方好看。即使起因微不足道，也足以點燃他內心深處的怒火，彷彿打開「憤怒的開關」，而開啟這道開關的其實不是眼前對象，而是與他從小不斷累積的巨大憤怒有關。

不論是誰都渴望「被愛」，這股渴望一旦無法獲得滿足，很容易產生憤怒的情緒，直到有人接住自己的孤單。倘若心中的孤單一直沒有被人接納，除了持續感受到孤單寂寞，也會累積憤怒的情緒，受刑人之所以會用異常的方式生氣，其實來自於「只有我是孤零零一個人」、「沒有人要愛我」的深層恐懼。

阿部從小到大一直有著強烈的孤獨感。他一出生就被丟棄，送進嬰兒之家後又被安置在兒童機構，想當然耳，他從來不知道什麼是「父母的愛」，收容在機構裡的孩子也和他一樣有著非常辛苦的童年。有些機構職員為了不讓團體生活出問題，會用「力量」壓制他們，在孩子心中種下「拳頭大才有資格說話」、「以暴制暴」的觀念。許多小時候遭受職員體罰的受刑人講到幾十年前的往事，仍然咬牙切齒地說「我絕不原諒他」。強烈的孤獨與以暴制暴的價值觀加乘下，對機構的強烈憤怒成為導火線，最糟的情況就是犯下殺人事件。教導這樣的受刑人控制情緒其實不太有用，他們真正需要的是治療因孤獨而受傷的心。

我們也不能忽略形容自己「個性急躁」的受刑人。具體而言是遇到什麼事情會很急躁？是否嘗試改變自己急躁的個性？又是從什麼時候變成這樣的個性？小時候和父母（或照顧者）之間的互動如何？這些都必須一一檢視。單純要求他們「沉穩一點」是毫無意義的。

◆偷竊真的是為了追求「刺激感」嗎？

「不清不楚的理由」最後一個例子，我想用「刺激感」來說明，這是犯下偷竊等較輕微的罪行時很常出現的字眼，但這種說法只是將不法行為或犯罪心理模糊帶過。

大學課堂上，學生們針對不法行為或犯罪心理發表簡報時，講義上常出現「偷竊是為了追求刺激感」的敘述。這種描述多半是從犯罪相關書籍引用而來，學生們毫無疑問接受了「偷竊＝刺激感」的「公式」。我自己閱讀相關書籍時也經常看到類似描述，可見許多專家學者都認為偷竊行為是出自於「刺激感」。

偷東西雖然是輕微罪行，但卻是名符其實的竊盜罪，愈演愈烈可能引發殺人事件。曾有一名三十多歲的受刑人在書店偷書，被老闆發現後落荒而逃，一路逃到公園，拿起路邊磚頭對著追趕而來的老闆砸過去，結果殺死對方。為了一本書最後殺人的案例所在多有，可能演變成重大犯罪的偷竊行為不能只用「刺激感」含糊帶過。

「刺激感」代表內心有追求刺激的慾望，而盜取他人物品可以獲得「快感」，那麼我們就有必要思考為什麼偷竊這項犯罪行為會帶來快感。身為人類，我們與生俱來的快樂來源應該是溫暖的人際關係才對，得到他人的稱讚與善待才會感受到內心的快樂。從這個角度來看，藉由偷竊獲得的快感應該是後天產生的「扭曲快感」，那麼人為什麼會出現扭曲的快感呢？做出偷竊行為的人，無法體會東西遭竊的人內心會因此受傷，那麼他們又為什麼會變得如此遲鈍呢？

就像一般認為偷東西「沒什麼罪惡感」一樣，偷竊次數多了就漸漸不覺得自己在做壞事，但並不是一開始就沒有罪惡感，第一次行竊時一定很緊張，擔心會被發現。認為偷竊理由是追求「刺激感」的人，應該讓他回想第一次偷東西的情況，一定有什麼具體理由。如果他回答「因為我一肚子火」，那就請他聊聊當時發生什麼事，進而了解事實。如果他回答「因為朋友慫恿」，那就再追問為什麼和壞朋友在一起，或者反問之後的偷竊是否都出於個人意願，一步一步讓他面對犯行。

請非行少年或受刑人聊聊自己的故事時，會理解到他們有許多受傷的過往，例如一個人在家裡很寂寞、在學校被霸凌、交不到朋友很孤單等。傷害別人的人都是因為自己也受傷了，因此協助者傾聽完後，必須陪著他找出曾經在何時、何地、如何被傷害，同時也要幫助他修復受傷的心，如此才能讓他產生戒除慣性偷竊的決心。

用心裡有傷的角度理解做錯事的孩子（或大人）時有一個重點，未經物主同意就竊取他人物品是非常幼稚的行為，也就是說，做出偷竊行為的人在兒時經驗裡沒辦法隨心所欲對大人說「我想買這個」。「我想買這個」也可以換作是「我想要被愛」，換句話說「買給我」是向人索取愛的行為。因為沒有人可以回應他的「我想買」（我想要被愛），才會演變成「暗地裡偷走」的行為。

小時候偷拿家裡錢的案例很常見，「偷拿家裡的錢」意味著「偷拿父母的愛」，正因為說了也得不到，只能暗地裡偷走。他真正想要的其實是「愛」，卻始終得不到，內心永遠無法獲得滿足，才會一而再再而三重複偷竊行為，而且程度愈來愈嚴重，偷竊之所以變成習慣的原因就在於此。

偷竊行為不能用「刺激感」這種不清不楚的理由含糊帶過，問題根源其實在於對愛的飢渴。

◆流於形式的反省教育

如同我多次強調，讓受刑人說出心聲才可能引導他們反省。我彷彿聽到有人質疑：「這對他們也太好了吧?應該先好好檢討自己才對吧？」但事情並沒有那麼簡單。

絕大多數受刑人認為乖乖執行監獄作業就已經是在「贖罪」，這個殘酷的事實肯定讓被害人無法接受，但就法律而言確實如此。他們進了監獄，接受社會性制裁，「不想管被害人」才是真正想法。由於服刑期間完全沒有反省，刑期結束出獄後，許多人還是再次犯罪，該反省而未反省的後果全部回到自己身上。一名五十多歲的受刑人曾經說過：「我們只是在不同監獄之間轉來轉去罷了。」他說的絕非玩笑話。

現實如此，獄方當然不可能毫無作為，為了讓所有受刑人更生，導入了「反省教育」。然而LB指標監獄收容了數百名受刑人，個個刑期超過十年，也有無期徒刑受刑人，有些人甚至已經服刑超過五十年。面對這些刑期十到五十年不等的受刑人，從事矯正教育的監獄官卻只有寥寥數人，既沒有人力也沒有更生相關知識與經驗，所謂「反省教育」終究只淪於形式就在於此。

縱使新的法律頒布後，監獄有義務要進行名為「改善指導」[2]的團體輔導，但是真正能上課的受刑人人數相當有限。到頭來，為了讓所有人接受反省教育，還是和過去一樣，讓他們聽被害人家屬的錄音、讀被害人家屬的手記之後寫下感想。受刑人也知道本來就該反省，並沒有表示不滿，即使如此，卻沒人做到真正的反省。監獄官心裡其實也不認為現今的教育能讓他們真正反省。

能讓受刑人真正反省的方法是說出真實心聲，而真實心聲就是負面情感。我認為所有受刑人內心深處都埋藏著許多負面情感，唯有發洩出來才有力氣面對被害人。

接下來，我會舉例說明受刑人內心的「負面情感」大概有哪些。

◆「我才是被害人」、「是那傢伙（被害人）的錯」

人為什麼會殺人？這似乎是個很困難的問題，但其實過著普通日子的我們都知道答案，解答就在電視常播的「兇殺片」裡。

戲劇裡的犯人為什麼會殺人？理由很簡單，因為他對被害人懷抱著負面情感，簡單說就是「恨」。戲裡的犯人常說「要是沒有那傢伙（被害人），我就能過著安穩的生活」、「都是那傢伙把我的人生搞得一團糟」、「是他來威脅我的，我才是被害人」，這些都是戲裡的臺詞。現實生活中我們看不到犯人吐露殺人動機，但這些臺詞與真實殺人事件有著共通之處——對死者懷有強烈恨意。

正因為有非殺不可的強烈情緒，加害人才會懷抱「決心」執意犯行。既然他是如此憎恨對方，即使將他繩之以法也不可能使他立刻轉念。他或許會後悔、震驚，但至少在事件曝光的當下一定只想著自己。許多長刑期累犯受刑人都是帶著這樣的情緒進到監獄，而且服刑期間依舊如此。即使有人開始出現「我對不起死者」的念頭，也會被「前輩」受刑人「指教」：「我們才是被害人，況且我們都已經這樣（執行監獄作業）在贖罪了」，然後不了了之。因為不想面對自身的問題，就把責任轉嫁到被害人身上，逃避正視自己的犯行。

舉個例子，一名犯下殺人罪的五十多歲受刑人與我面談時，提到犯案用的「菜刀」，他確實拿菜刀殺害被害人，但卻反覆強調那是被害人準備的。他在法庭上始終主張「菜刀是那傢伙（被害人）帶來的，是他的錯」，但是他的證詞沒有被採納，最後法官認定兇器為加害人準備，量刑因而更重，他也更加怨恨被害人。真實情況我們無從得知，但確實有受刑人對自己編的謊言深信不疑。

再舉個案例，一名四十多歲的受刑人斬釘截鐵表示「我毫不後悔自己殺了人」，他殺害的是自己的哥哥。整天游手好閒的哥哥某天開車載母親出門卻遭遇意外事故，母親因而身亡。他認為哥哥不但害自己最愛的母親喪命，還拿走母親的保險金任意揮霍，對哥哥充滿恨意。他的「理由」是：「把那種壞蛋殺了有什麼不對？是他自作自受。」

他其實是我課堂上的一位受刑人。所有課程結束後，他在問卷調查的「你是否對被害人有更深的『罪惡感』？」項目中回答「完全沒有」。後來我透過個人面談詢問理由，才從他口中得知這個事實。我建議他繼續與我面談，但是被他拒絕，「我的想法不會改變」是他對我說的最後一句話。

想必大部分的人一定會指責他殺了人還敢對死者有怨言，監獄官也會訓斥他，但是這些話他都聽不進去。如果他對警察充滿恨意，我們要先聽他把話講完；如果他不服判決結果，我們要先聽他抱怨。事實就是，一味敦促受刑人反省悔過的教育執行到最後，只會讓他們養成口是心非的態度，嘴巴上說「真的很抱歉」，內心卻毫無悔意。

◆「都是因為他去告狀」、「我只是聽命行事」

第二種例子是一廂情願認為自己被捲入事件，多半會說「我是被騙的」，並且同樣認為「我才是被害人」。

一名三十多歲的受刑人從小受到哥哥暴力相向，長大後也對哥哥言聽計從。某天，加入黑道的哥哥和一家餐廳老闆起衝突，因而殺害對方，並且命令他搬運屍體。他雖然拒絕很多次，最後還是聽了哥哥的話，負責開車運屍。犯案很快就曝光，哥哥被判處無期徒刑，而同為共犯的他雖然刑期遠比哥哥短，仍因殺人罪入獄服刑。他完全沒有參與殺人行為的自覺，心中只有對哥哥的恨，還有對因為「心軟」（他的用詞）而聽命於哥哥的自己感到後悔不已。

另一名殺人事件的共犯是四十多歲的受刑人。犯人連他在內一共三人，經常遭受被害人暴力相向。被害人還不時向他們伸手要錢，如果不給錢便語出威脅「小心我對你老婆和小孩不利」，三人都感到身心俱疲。主謀計畫弄來一把手槍殺了對方，再把屍體灌到水泥裡，並且半強迫地把另外兩人拉進去：「我的計畫一定不會被發現，一起殺了那傢伙（被害人）吧！萬一被抓到，我不會把你們供出來。」這名受刑人聽信主謀的話，負責搬運屍體。他們以為的完美犯罪在犯案不久後曝光，主謀在警方要求下到警局問話，三兩下就招認，供出共犯的名字。受刑人不只對被害人心懷怨恨，更多的是對這名「供出夥伴的主謀」的憎恨，完全沒有「殺了人」的自覺。

以上兩例受刑人都對同夥主謀有著很深的恨意，必須讓他們完全發洩出來才有辦法意識到自己的罪。此外，第一例受刑人還將自己對哥哥言聽計從歸咎於

「心軟」，這也是用不清不楚的理由逃避正視內心問題的表現。

◆「像個男子漢」的價值觀

第三個例子是受刑人常有的「像個男子漢」的價值觀。日本男性或多或少都有這樣的價值觀，因為每個人都被灌輸了「是男人就不能輸」、「男人不能輕易示弱」的想法，而且幾乎所有受刑人都對此深信不疑。

一名三十多歲的受刑人從小被父親用拳頭教導「是男人就不能輸」、「保護弱小」。他很有商業頭腦，自己開公司做生意。某天員工對他說「我被壞人威脅了，請幫幫我」，他二話不說遂行父親的教導幫助員工（＝弱小），動手殺了那個壞人。他主張「我殺的是壞人，有什麼不對」，認為自己的犯罪行為很正當。

慢慢整理內心後，他發現動手殺人是因為他認為在員工面前不能逃跑，也就是「愛面子」才是真正原因。他和被害人完全不認識，不過是員工的一句「請幫幫我」就釀成殺機，也可以說他心中有著「保護弱小」的強烈正義感。正義感是一般人都會接受的正確價值觀，但反過來也意味著「絕不能放過壞人」，其實許多案件都是過度強烈的正義感所造成。

前面提過一位對主謀懷恨在心的四十多歲共犯，也同樣抱持強烈的正義感，在此稱他為吉本。吉本從未提過自己長期遭受被害人毆打與威脅，當然也沒有找任何人商量就決意犯案，不僅如此，他的人生當中從來沒有向人傾訴煩惱的經驗。那麼他為什麼不願意這麼做呢？因為他認為傾訴煩惱就是吐苦水，吐苦水是很丟臉的，既然是男人就該靠自己解決問題，不要依賴別人。

事實上吉本是我課堂上的一位受刑人。他在上課過程中慢慢說出自己的真正想法，也抒發了對被害人的恨。以下是他將自己的覺察記錄在筆記本裡：

我還是很恨橫山（化名，被害人），要是沒有認識他，今天事情也不會變成這樣。

之前我一直壓抑對他的恨，畢竟他再怎麼可恨都已經死了，我告訴自己要反省悔過。

現在回想起來，我因此變得很矛盾，應該要道歉的自己和爲什麼要道歉的自己同時存在於心裡。

經年累月下來，這份矛盾愈來愈嚴重，彷彿自己變成雙重人格。

但是認識老師之後，我理解到把想法和感受表達出來，內心的矛盾就會慢慢減少。隨著課程進行，我也開始練習不把恨意往心裡吞。

從吉本的文字我們再次學到反省教育的問題點。他一方面內心憎恨著被害人，一方面由衷認為自己必須反省，如此相衝突的想法造成精神負擔，甚至覺得自己有雙重人格。如果他沒有機會表達出對被害人的恨，出獄之後應該還是繼續懷恨在心。而如果他沒有來上我的課，便會一直被「像個男子漢」的價值觀綁架，有苦水也不向任何人訴說，這種生活方式會造成更多壓抑，內心累積愈來愈多痛苦，最後很可能又會爆發（＝再犯）。

當他說出真心話才明白向人傾訴的重要性，也理解到一味反省會造成壓抑，此時的他終於站上通往更生的起跑點。而他下一個該解決的課題是釐清自己為什麼會有「像個男子漢」的價值觀（會在第四章說明）。

以上兩個案例演變成殺人事件的背後都是受到「像個男子漢」價值觀的強烈影響，因此當事人必須回顧過往，找出養成這種觀念的原因，也就是面對自己的內心。

保險起見先聲明，我不是認為「像個男子漢」是錯的，我想強調的是任何價值觀都沒有絕對正確也沒有絕對錯誤，是好是壞取決於從什麼角度衡量，例如「站在對方的角度思考」也可以說是「忽略自己的感受」，「凡事全力以赴」也可以說是「把自己逼到極致」，任何價值觀都是一體兩面，請各位務必注意。

◆會反省的受刑人很不識相

最後一個理由，我想以受刑人在監獄裡的互動來說明。

受刑人在獄中會進行監獄作業，基本上與大部分公司行號相同，依據日曆出勤，週一至週五到工廠工作，六日則是休息日。可能有人會質疑「為什麼要給罪犯休息」，理由是如果他們週末要工作，監獄職員就沒辦法休假了。

他們每天按照起床、工作、吃飯、洗澡、就寢的順序過著規律的生活。只要是人，一定會有「平日都在忙工作，至少週末要過得輕鬆自在」的想法，無可厚非。所以在難得的休息時間，如果有人開口閉口反思自己的罪過，只會被認為「不識相」而遭到排擠。儘管懷抱強烈信念，痛定思痛自我反省，隨著日復一日的單調生活，恐怕也被惰性所淹沒，時間一久，距離自己的罪行也愈來愈遠。

還有一個檯面下的問題，就是受刑人彼此的關係。他們在自由活動時間通常在讀書、看雜誌、看電視，或發呆放空，也有些人會閒聊，即使看似聊得很開心，彼此未必是能放心說話的關係。很多受刑人都有遭到背叛的經驗，也有人是背叛人的一方，這些經歷讓他們很難打從心裡信任一起服刑的同伴，擔心說了真話被傳出去變成亂七八糟的謠言會對自己不利，因此保持「萍水相逢的關係」。

此外，基本上受刑人服刑時的目標只有出獄。可申請假釋的條件很多，最重要的是執行監獄作業的態度；反之，違規或與其他收容人產生糾紛（也就是打架）則會受到懲罰，被送進獨居房，對爭取假釋自然是大大減分。再加上受刑人原本就不擅長表達，他們最擅長的其實是使用暴力或權威壓制對方，畢竟大多數人在社會上都是這麼活過來的，但是在監獄裡不可能繼續用這種方式過日子。

不擅長表達，又不能使用暴力，剩下的只有閉口不談這個方法。他們不曾嘗試好好表達，或者說不知道該怎麼做，因為從小到大沒有人教過他們。既沒有敞開心房說真話的對象，監獄這樣的環境又更加強互不吐露心聲的關係。

還記得我第一次設計更生課程且親自授課時，我對來上課的受刑人說「在我的課堂上大家可以放心說真話」，有人回答「老師，這裡（監獄）是不能說真話的」（當下我回應「但是你這句應該是真話吧」，一口氣讓場面緩和許多）。身邊有這麼多同伴，卻過著不說（不能說）真話的日子，內心也會愈來愈壓抑（或麻痺）。從這點來看，他們可說是群體中「孤零零的人」。

◆「深自反省的受刑人」才要小心

從長期在監獄授課的經驗，我將受刑人粗略分成以下三種類型，其中一種讓我感到最棘手：

A不思反省的受刑人（占壓倒性多數）。
B有心反省的受刑人（少數）。
C深自反省的受刑人（少數）。

「有心反省的受刑人」上課態度積極，可想而知更生機會較高。那麼另外兩種類型最令我感到棘手的是哪一種呢？各位應該會認為是「不思反省的受刑人」，但其實這樣的人只要在課堂上獲得啟發，常有脫胎換骨的轉變。況且，讓不思反省的受刑人產生「我想改變」的念頭，進而渴望更生，本來就是我上課的目的。答案或許會令人感到意外，最讓我棘手的其實是「深自反省的受刑人」。

深自反省的受刑人對於自己的犯行感到強烈的悔意，不斷在心中責怪自己「我怎麼能對死者做出這種事」、「我沒有活著的價值」。被害人家屬會認為自責是理所當然，也希望他一直痛苦下去，但深自反省其實會阻礙更生，而不能成功更生就代表一旦回到社會，再犯機率很高。

為什麼強烈自責且深自反省的受刑人要更生反而很困難呢?因為這樣的人想法根深柢固,很難接受其他觀點。例如當我告訴他「忍耐」換個角度也意味著「壓抑內心」,他會先認同「您說的是」,接著又回到自責的思考模式:「畢竟是我有錯在先,都是我不好。」抑或是我在課堂上舉殺人事件的案例促使他們自我反思時,深自反省的受刑人只會說「都是做壞事的人不對」。看似認真反省,但自責念頭太過強烈,以致無法深入正視自己的內心,對事件發生當下的自我認知非常不足。

從這個角度來看,自責念頭強烈的人其實是非常「頑固」的人。頑固的人聽不進他人所給的意見,而聽不進別人的意見就沒辦法好好倚賴人。他們腦中一味想著「我是做了壞事的人」、「我沒有活下去的價值」,如此一來回到社會無法與人建立良好關係,遇到困難也不會向人求助,因為他們告誡自己向人求助就是「放縱」,導致自己變得孤立無援。光是有前科就足以讓他們在社會上過得比普通人更辛苦,他們卻又選擇獨自承受痛苦與壓力。無法敞開心胸與人交流的生存方式當然難以與人建立關係，而沒有良好的人際關係工作也不會長久，生活遲早會變得入不敷出，最後自暴自棄，怎麼可能不出問題呢？

我的「納入被害人觀點的教育」課程（針對犯下殺人罪者的課程）中，每堂課都有作業，我的方式是發給受刑人每人一本筆記本，請他們將作業寫在上面，我也會透過筆記本與他們一對一往來。第一次作業通常是請他們以「我現在正在思考的事（煩惱的事）」為題寫一篇文章，如果有人寫下對被害人的歉意，我會很擔心，因為他可能沒辦法改變。他所交出的所有作業可能只會拚命道歉，而不願思考自己究竟為何犯罪，又是如何養成偏差的思考模式，即使上完所有課，他的想法和價值觀都不會有任何改變。

一名上過我的課的五十多歲受刑人是慣性吸毒的黑道成員，因為殺死自己的小弟入獄。犯案原委是警方發現他吸毒，為了躲避追捕，他藏身在一間公寓，藏身期間的所需物品（電視、冰箱等）由小弟負責準備，但事情一直辦不好，他感到愈來愈不耐煩，想拿菜刀嚇嚇小弟，最後卻把人給殺了。他在筆記本上不斷表示「我真的做了很對不起小弟的事」。

我可以理解他由衷對那位小弟感到抱歉，但是他真正需要面對的是自己為什麼吸毒？為什麼加入黑道？加入黑道前是不是有過暴力行為？暴力行為背後的原因又是什麼？如此不斷回顧過往，找出犯案的根源。然而他不願面對，只是不斷重複「我真的很對不起被害人」，也因為我的能力不足，沒辦法引導他以新的觀點思考。

罪犯想要反省並且重新做人，就必須接受新的價值觀或想法，我的課就是希望帶來這樣的契機。說得極端一點，一味道歉代表沒有動腦思考，這就是為什麼強烈自責且深自反省的受刑人會是一群處遇困難的人。

確實受刑人表現出深自反省的態度會獲得監獄官的好評，得到「做得很好，繼續加油」的鼓勵，促使他們更加貫徹反省的態度。我不是要對他們窮追猛打，而是不論他們的態度多「認真」，在獄所得到多高的評價，重返社會就會出現問題。深自反省有時反而會成為導致犯罪的危險因子。

◆受刑人無法更生的5個理由

「你進來之後覺得其他囚犯[3]怎麼樣？」

桐生拿起一疊摺好的紙圍兜，就像數鈔票一樣將五十個放一疊。

「都在偷懶啊，不管這裡還是外面都一樣，努力工作就像個笨蛋。」

「又懶又沒定性，一缺錢就犯罪，根本豬狗不如。生下來是人，死的時候像隻野獸。不知反省也搞不清楚自己到底在幹麼，連做人應該努力都不知道就死了，眞是可悲。」

「他們一輩子都會是這樣嗎？」

「如果沒自覺的話應該是吧！最後就是老死獄中或曝屍荒野，誰叫他們不懂得自愛和鍛鍊身心，只會後悔莫及。」

（二〇一二年《圍牆內的運動會》一五七頁　basilico）

這段對話出自美達大和的小說《圍牆內的運動會》。展開對話的是，犯下殺人罪且在獄中放棄假釋的無期徒刑受刑人桐生亞希良（五十歲）與因吸毒被關進LB指標監獄的主角光岡省吾（三十六歲），桐生很明顯是美達自己的化身。

「囚犯」是指受刑人，桐生（＝美達）如何看待這些受刑人，從與光岡的對話可見一斑，他極度蔑視不知反省的受刑人。書中描繪的桐生獨自深切反省，在一群不知反省的受刑人中顯得「孤獨又高尚」，這種人設就是美達在監獄裡所追求的吧！關於美達這號人物我會在下一章介紹，這裡先思考桐生口中的受刑人。

桐生或說美達的觀察並非誤解，不知反省的受刑人確實是「豬狗不如」、「死的時候像隻野獸」，不但被害人家屬無法忍受，受刑人自己也是極其悲慘，我認為有必要改善這種狀況。

綜合前面所提到受刑人不知反省的理由，可整理為以下五點：

①無法講眞話，也沒有可以訴說的對象，失去檢視內心的機會。
②每天重複單調的監獄作業（光靠刑罰無法帶來反省或更生）。
③「反省」成爲理所當然，反而無法由衷反省。
④服刑期間把「老實服刑以獲得假釋」當作唯一目標。
⑤帶著自責念頭，獨自一人深切反省。

第一點我已經強調過很多次。雖然說出心聲不代表每個人都能進而反省，但說出心聲是一切的開始，如此才有辦法踏上反省的第一步。

第二點是日復一日重複著單調的監獄作業會讓人逐漸「不像一個人」，變成機器一般，借用美達的說法就是「豬狗不如」。犯了罪當然必須接受懲罰從事監獄作業，我從來不認為監獄作業沒必要，而是想指出刑罰說穿了只是社會性制裁，不具協助更生的意義。光是施以刑罰，人只會愈來愈壞。這個道理對於我們一般人也通用，做錯事遭到處罰，就會開始想著「下次要怎樣才不會被罰」。懲罰時間愈長、罰則愈重，壞人只會變得更壞。這樣想的話，法官在法庭上說「你要在監獄裡好好重新做人」這句話，很明顯表示他不了解監獄的真實情況。很遺憾的，比起協助受刑人更生，獄方更重視的是防止他們做出違規行為，順利把刑期走完就好。

至於第三點，如果問受刑人「在監獄裡都接受什麼教育」，得到的答案應該是「反省教育」。但實際接受教育的人真正的想法是「心情會很差」、「覺得很沮喪」、「唉，又要叫我想被害人」，這個方法執行再久也不可能帶給他們改變。更諷刺的是，平常就把反省當成理所當然，反而會讓反省變得制式化，流於表面工夫。

第四點是監獄官和受刑人都沒發現的「盲點」。「老實」服刑雖然有其必要，但只強調這點會造成一些「損失」，最大損失就是「自主性」。每天按照監獄官指令行事，最後就會失去想要主動做些什麼的慾望。缺乏自主性會阻礙與人建立關係。

最後是第五點，如同前面指出，帶著自責想法深自反省的人無法思考內心，只會重複說「都是我不好」，可說是反省教育背後潛藏的陷阱。人無法靠一己之力面對自己的內心，而帶著強烈自責念頭的人更是選擇默默內省，如此一來會無意識地避開「最重要的步驟」，無法進到真正的反省。至於什麼是最重要的步驟，我會在下一章以無期徒刑受刑人美達大和的例子說明。

●2 **改善指導** 全名為特別改善指導，意指針對不同受刑人規畫的各種更生課程，例如針對吸毒者有「藥癮戒治指導」、加入幫派參與犯罪者有「黑幫脫離指導」等，多以小組討論的形式進行。

●3 原文使用「チョーエキ」，發音與「懲役」（ちょうえき）相同，懲役為徒刑的意思，「チョーエキ」指的是LB指標監獄的受刑人。

第2章

「懂得反省的受刑人」美達大和無法更生

治好心裡的傷，才是真正的教育

Chapter 2

「反省している受刑者」は更生できない

美達大和

凶悪犯罪者こそ更生します

◆美達大和是什麼人物

犯下兩起殺人事件而被判處無期徒刑，現在正在ＬＢ指標監獄服刑的美達大和，究竟是什麼樣的罪犯呢？我想以他的第一本著作《何謂殺人：ＬＢ監獄殺人犯的告白》（二〇一一年　新潮社）為各位簡單說明。此外，美達大和並非本名，而是筆名。

美達出生於一九五九年，從事金融業的父親是第一代在日韓國人[4]，母親是日本人，他是獨生子。父親出生在韓國的貧窮農家，來到日本靠著一己之力（主要是暴力）實現他的日本夢，成為所謂的暴發戶。如同美達的自傳體小說《夢之國》（二〇一一年　朝日新聞出版）的書名，日本是夢想的國度，小說裡對父親的暴力行為有著充滿張力的描述。

美達從小就受到父親的嚴厲「管教」。從《何謂殺人》可見，父親經常要求他做到以下幾點：

- 第一名以外都是垃圾。
- 非黑即白，沒有灰色地帶。
- 有意見就講出來。
- 不能說謊。
- 打架就要打到贏。
- 遵守承諾。
- 說了就要做，不做就不要說。

（一九頁）

面對這些嚴厲「管教」，美達都一一做到。從小不論體育表現或學業成績都名列前茅，小學時獲得天才兒童、神童等稱號；每年閱讀上千本書，自稱「書蟲」，《夢之國》裡提到他高中閱讀康德的哲學書，可見頭腦非常好；國中擔任學生會會長，沒補習就考上大學升學率極高的明星高中。然而，他也和父親一樣經常與人起衝突，並且和父親一樣，儘管對方有人數優勢也能獲勝。就在高中快畢業前，發生一場嚴重的衝突事件，甚至登上報紙，最後導致他輟學。

休學後，美達進到一家能完全發揮自己所長的公司就職，除了日以繼夜地工作，也進修（主要是看書）所有對工作有幫助的知識，業績扶搖直上，年收破上億日圓。辭職後，年僅二十一歲的他和父親一樣踏入金融圈創業，靠著一己之力獲致成功。

第一次犯案前他接觸黑社會，認識一位讓他非常仰慕的大哥。那位大哥因為染上毒品，生活荒淫無度，金錢上對他予取予求，而被害人是大哥帶來的人。書中沒有詳細記載案件始末，僅提到殺人動機是「除了替組織和大哥保密之外，這是我和下面的人盛怒之下的結果」（二七頁）。第二次犯案動機則是「對方完全沒履行我們之間的約定，其言行舉止在我看來毫無誠意」（三〇頁）。他曾和被害人進行三次會談，並且警告「下不為例」，卻未見對方改善，因此計畫殺了他。

兩起事件的共通點是「有計畫」的犯案，而且動機與父親的教誨「遵守承諾」有關，只是他用了錯誤的方式。第一起事件是替大哥「保密」（「遵守承諾」）而殺人滅口；第二起事件則基於被害人毫無誠信，也就是「沒有遵守承諾」而殺了他。換句話說，美達的殺人行為可以說是忠實遵守父親教誨的結果。

他在《何謂殺人》寫到殺人當下想的是「人活著最重要的是信念」（三二頁）、「自己絕對正確」（三二頁），也「有義務這麼做」（三三頁），直到被害人母親在法庭上主張「我希望他被判死刑，如果不能判死刑，希望他一輩子都在監獄裡不要出來」（五八頁），這段證詞讓他後悔不已。檢察官論告時的描述也帶給他很大的衝擊，以下是檢察官說明殺害過程的橋段：

「被害人身上噴出大量鮮血，倒地之後不斷哀求被告救救他，被告仍然冷酷無情……」

那個瞬間我的腦袋一片空白，完全無法思考，全身起雞皮疙瘩。

「苦苦哀求的呼救聲逐漸微弱，幾乎已經聽不見，被害人就在恐懼之中獨自一人……」

我震驚不已，彷彿一道雷劈在我身上。

那是我人生中前所未有的經驗。

我在法庭上承認自己犯下的錯，為自己的行為感到後悔，也自以為這就是反省，然而我才知道自己想得太膚淺了。

（六〇頁）

聽了檢察官的發言，美達第一次產生罪惡感。

在父親過世後，他依照被害人母親在法庭上的主張放棄假釋，選擇一輩子在監獄服刑。

◆服從父親嚴厲「管教」的理由

讓我們思考父親的嚴厲「管教」對美達帶來的影響。我不認為使用管教一詞是合適的，所以加上引號，而用嚴厲形容是因為想不出更貼切的詞，事實上其嚴厲程度遠超乎這個詞本身的定義。這世界上除了美達以外，沒有人能順從這種「管教」，而順從這樣的「管教」卻招致最壞的結果。

先從最基本的說起。小孩最害怕的就是不被父母所愛，被父母拋棄是孩子最恐懼的事，這也是為什麼兒虐事件的孩童從不提及自己遭受父母虐待的事實。為了得到父母的愛，就要照著他們的話去做，是所有小孩的共同想法。但美達父親的「管教」是超乎想像的嚴格，換作一般小孩，就算拚命設法做到，遲早會氣力耗盡而放棄。放棄有很多種形式，例如反抗父母而走入歧途、一蹶不振而繭居在家等問題行為都是，也可能以健康欠佳、罹患憂鬱症等形式表現出來。總之，美達父親的「管教」已經不是一般孩子能夠負荷的程度。

我們來思考美達父親要求孩子「不能說謊」這點。有一種心理測驗叫「撒謊量尺」（Lie Scale），該測驗中有很多項目，其中一題是「我從來沒說過謊」，而回答「是，我從來沒說過謊」的受試者會被視為「沒有誠實作答」，他的所有回答將不被採信。這個測驗的大前提是「只要是人必定會說謊」，而回答「我從來沒說過謊」本身就是一個謊言。人類就是會說謊的動物。

我看過許多從小被父母教導「不能說謊」的孩子一到青春期就出現問題行為。要求孩子「不能說謊」會讓他成為表裡不一的人，在父母面前裝成乖寶寶，背地裡卻做壞事。不能說謊的生存方式會讓人失去「退路」，人一旦失去退路就會開始忍耐與壓抑，而這些壓抑終究需要出口，結果就是在父母看不到的地方為非作歹，具體行為包括霸凌、觸法，甚至犯罪。壓抑時間愈長，等於累積愈多的憤怒「存款」，並且藉由某個突發事件引爆，後果不堪設想。萬一是對著自己引爆，最糟的情況就是斷送自己的生命。

然而，美達居然在如此嚴厲的「管教」下撐了過來，理由有兩個。一是與生俱來的優異天賦，在父親「第一名以外都是垃圾」的教條下，卓越的學習能力讓他始終維持第一名的成績。照理說，「一定要得第一」的想法應該會對孩子造成很大的壓力才對，美達卻能輕輕鬆鬆做出成果，這是他了不起的地方，同時也是問題所在。

當他確實做到普通孩子絕對無法達成的要求，父親的反應又是如何呢？如果只是單純肯定，對他說「做得很好」，應該就不會有現在的美達大和。父親除了口頭誇獎，還以「金錢」作為報酬，例如考一百分給一千日圓、九十五分給五百日圓，每次成果都能以金錢換算成相對應的價格。可想而知從小接受這種異常的肯定方式，自然會養成「用金錢衡量自己能力」的價值觀。

另一個理由與父親那令人畏懼的暴力有關，例如「打架就要打到贏」這條教誨。人不可能百戰百勝，當他輸了，勢必招來父親超乎想像的憤怒；反之，當他以寡擊眾獲得勝利，父親也會異常歡欣。看到父親高興的樣子，他不可能不開心。為了讓父親開心，他努力提升實力的同時也深信「是男人就不能輸」，進而發展出「不輕易訴苦」、「凡事靠自己」的生存模式。

美達清楚知道不順從「管教」就會遭到暴力相向，所以除了照父親的話去做之外別無選擇。在高人一等的優異能力與激烈暴力的加乘下，父親的教誨深深扎根在他心中。

◆「金錢至上」的價值觀

讓我們思考當孩子做到父母的要求，得到的是「金錢」這種教養方式。我想起賣毒品的藥頭。與形形色色的受刑人交手後，我感到最難輔導的是吸毒犯。他們大多沒有身為加害人的自覺，認為「吸毒是為了自己爽，又沒造成別人的困擾，有什麼不對」（實際上他們已經造成身邊的人困擾），而藥頭更是「難對付的對手」。藥頭的想法是：「有人想要，我就賣給他，不算做壞事吧？」

我認為人之所以有偏差想法，其背後一定有理由，藥頭一定也有自己的「理由」才開始賣不好的東西。我曾和一名三十多歲的年輕藥頭有過以下對話，在此稱他為安藤：

我：這樣聽起來你其實是知道「吸毒對身體不好」對吧？

安藤：是。

我：這樣的話，你也明白賣這種東西會讓人的身體變差，也就是別人受傷你也無所謂是嗎？

安藤：是。

我：既然別人受傷無所謂，心裡也不會有任何感覺對嗎？

安藤：應該吧？

我：那我們或許有必要思考，爲什麼你會變得看到別人受傷也無動於衷。你覺得原因是什麼呢？

安藤：……（陷入思考。）

我：看到別人受傷之所以不會有感覺，是因爲你對自己受傷也沒有任何感覺。因爲不珍惜自己，才沒辦法珍惜別人。這樣的話，我們就要進一步思考，爲什麼你會變成一個不珍惜自己的人。

安藤：（提到小時候與父母的互動。）其實爸媽從來沒誇獎過我。如果我考試考得好，他們會給我錢。

我：原來發生過這樣的事，那如果考不好呢？

安藤：我會（把考卷）藏起來。

我：那你心裡其實希望父母怎麼做呢？

安藤：（思考了一下）我希望不管考幾分，他們都能看到我有努力，然後稱讚我（說出口的瞬間，露出恍然大悟的表情）。

短短幾句對話，安藤就發現自己真正想要的是什麼。當然並不是每一次與受刑人的對談都能如此順利，但是只要透過一些提問讓他回顧過往，就能幫助他洞察內心。他真正想要的並不是物質（錢），而是父母溫柔的話語、接納的態度。物質絕對無法滿足內心，所以陷入「想要更多（物質）」的模式，這就是人之所以對酒精或毒品成癮的機制。

受刑人都曾被他人的「評價」所傷。他們從小到大接受不計其數的責罵（＝「負面評價」），才會極度渴望「正面評價」，也就是「被人誇獎」。安藤的例子是被誇獎＝拿到錢，但金錢說穿了只是物質，拿到了也不會有被人好好珍惜的感覺。缺乏被人好好珍惜的經驗，自然不會想好好珍惜別人。雖然這裡只舉一個例子，但由此可知「為了錢什麼事都做得出來」（傷害別人也無所謂）的價值觀背後，都有一段之所以如此的過往（自己受傷的經歷）。

回到美達的例子，他之所以服從父親的嚴厲「管教」，是因為「管教」又伴隨著激烈的暴力。如果他試圖反抗父親，或許真的會被毆打致死。雖說父親教他「有意見就講出來」，但真的辯解的話，下一秒就準備吃拳頭。因此，為了活下去，唯一方法就是對父親言聽計從，否則只能離家出走。事實上，他的第一任母親就是離家出走。母親離開後，父親變得荒腔走板，工作也停擺，家裡經濟立刻陷入困難。看到父親這副德行，他第一次對父親感到憎恨，甚至動了「早晚殺了你」的念頭（五三頁）。儘管如此，他並沒有付諸行動，而是將恨意與殺意封印在內心深處。

美達父親對待孩子的方式雖然離譜，但是當孩子達到要求，他的寵愛也非常誇張。對孩子極度嚴厲的同時，也讓孩子感到超乎想像的愛。美達遵循父親的嚴厲「管教」，同時也得到很深的父愛，對於自己「擁有父親的愛」沒有一點懷疑。然而，我必須指出這裡有個很大的「陷阱」。

◆有條件的愛對孩子心靈造成的影響

美達父親的愛是「有條件的愛」，前述的藥頭例子也是。考試考得好可以得到用「金錢」表示的愛，考不好就吃拳頭；打架打贏會讓父親歡欣鼓舞，打輸就被揍得體無完膚。如此一來，更是加深「是男人就不能輸」、「不輕易訴苦」、「像個男子漢」的價值觀。美達父親表達愛的方式雖然極端，但是一般孩子也常得到父母「有條件的愛」，這正是造成孩子出現問題行為的原因之一。

父母的愛應該是「不求回報的愛」，孩子只要活著就「值得被愛」，然而現實情況並非如此。縱使多數人沒有像美達父親那麼誇張，但是當孩子表現好就予以誇獎、做錯事就施以處罰的父母比比皆是，尤其拿金錢當作孩子考試成績優異的獎勵，是每個家庭的普遍做法。我不是一概認為「給錢就是不對」，而是父母不能把給錢當作愛孩子的唯一表現。

家裡如果有兩個以上的孩子，父母多少都會比較，考上好學校的是乖寶寶，只考上名不見經傳學校的就是壞孩子。即使是手足，個性也可能天差地遠。父母常對孩子說「你要像哥哥一樣努力」或「妳是姊姊，要做弟妹的榜樣」，但這些激勵話語等同於把「條件」附加在孩子身上。被附加「條件」的孩子會把父母開出的條件當作判斷自己行為的標準，例如為了滿足父母期待學會察言觀色，一旦無法滿足就開始叛逆，或乾脆放棄躺平。不論何種狀況，「有條件的愛」都可能讓孩子活得很辛苦。

很多拒學的孩子都是被父母「有條件的愛」壓垮。我認為他們其實在對父母發出**「就算我變成一個不去上學的孩子，爸爸媽媽，你們還會愛我嗎？」**的訊息。而此時，父母若張開雙手接納「真實的他」，告訴他「你不想上學也沒關係」，孩子就有機會找回活力。

有著與生俱來的優異能力與承受父親的偏激行為，美達在「有條件的愛」

中長大成人。一個人如何被對待，就會如何對待他人，他長大後自然也用父親那套標準來要求別人——「非黑即白，沒有灰色地帶」、「有意見就講出來」、「不能說謊」、「打架就要打到贏」、「遵守承諾」、「說了就要做，不做就不要說」，父親的嚴厲「管教」對美達犯罪的影響可想而知。

然而，問題的根源還在更深的地方，這點在美達所寫的小說《牢獄的超人》（二〇一二年 中央公論新社）中有明確的描述。

◆從《牢獄的超人》窺視美達的歧視心理

我先簡單說明《牢獄的超人》的故事內容。

主角是二十三歲的黑道成員山川遼，他受幹部的一句「要不要嘗嘗當英雄的感覺」（六頁）所鼓舞，試圖殺害一名中國黑手黨。這個任務不但失敗，還誤殺一名偶然在現場的二十歲男子秋元達也。

遼在法庭上拚命說明自己有反省之意，也用逼真的演技道歉，但這一切不僅法官，連律師都看穿他的意圖。最後他以殺人和殺人未遂判處二十年有期徒刑，進到LB指標監獄。因狙擊失敗遭到組織掃地出門的他，認為都是被流彈波及而喪命的被害人不好，自己才是整起事件的被害人。他不僅不了解被害人家屬的痛苦，對於自己的雙親和姊姊懷抱著何等痛苦度日也渾然未知。

家人當中只有姊姊真理子會到監獄看他。真理子親眼見到父母和被害人家屬痛苦的模樣，在最後一次接見，痛罵不知反省的弟弟：「笨蛋，你還算是人嗎？有你這種弟弟真是太丟臉了。遼，你再不好好覺悟，這輩子就只能當個罪犯，你一定還會再犯。」（二四七頁）真理子雖然嘴巴上斥責弟弟，但是每次都會拿錢給他。她認為弟弟之所以犯罪，自己也有責任，原因是她過去也曾誤入歧途，對於自己當初的行為帶給弟弟不良影響自責不已。

真理子後來突然罹患白血病過世。遼得知這件事，第一次因為姊姊的死感受到失去至親的巨大悲痛。真理子寫給弟弟的最後一封信中，充滿了她的歉意與家人的愛：

> 遼，你現在應該是一臉很想哭的樣子吧？
>
> 都是我害你的人生變成這樣，對不起。看到你跟著我學壞，明知道你是在逞強，我卻沒有阻止你，是我不好。
>
> 我不想要只有自己特立獨行，所以才對你不聞不問，眞的很抱歉。
>
> 這就是我的現世報。
>
> 我很想活著等你回來，但是只能在天上相見了。
>
> （中間省略）
>
> 我會永遠陪在你身邊，你要好好做人，要像個男人，咬緊牙關更生。

本來想等你出來好好揍你一拳，眞遺憾。

要認眞做人，知道嗎？遼，再見了。

希望有一天，你可以再來當我弟弟。

美麗的姊姊上

（二六二至二六四頁）

真理子的信著實賺人熱淚，可見美達從不同觀點深入描寫加害人家屬的心情。嘴上唸著「我不逃了，這次真的不會再逃避了」（二六四頁）的遼，從此開始閱讀真理子帶來的關於犯罪被害人與其家屬的書籍，展現出反省態度。他在心中吶喊：「我怎麼會做出這種事？為什麼到現在才發現？」（二六七頁）遼苦惱的模樣，應該就是美達自己在法庭上聽到被害人家屬發言時的心境。

從這個時期，《牢獄的超人》中的明道聖仁成為遼在反省路上的「明燈」。遼與其他受刑人起衝突時曾受到明道的幫助，所以將他視為「恩人」。而明道聖仁其實就是美達自己，也是《圍牆內的運動會》的桐生亞希良進化版。判處無期徒刑並且放棄假釋的明道被稱作「超人」或「老大」，過著晝夜獨居的生活，正是美達此刻在監獄裡的情況。以下是明道相隔十年再次「下來」（和其他受刑人一起到工廠工作）的場景：

> 唰的一聲工廠入口的鐵門打開，一百六十雙眼睛同時看向入口。
>
> 明道在年輕職員的陪同下走了進來，遼的眼中映入懷念恩人的身影，嚴肅的氣氛讓人忍不住屏氣凝神。他的肩膀寬闊，作業服下掩飾不了厚實的胸膛，胸前的銀白色頭髮閃耀著光芒，偏黝黑的膚色則和以前一樣。
>
> 明道在所有受刑人銳利的眼神下仍然悠然地走著，宛如世界上只有他一個人，渾身散發出身處深山幽谷般的玄妙感。他的雙眼炯炯有神，彷彿凝視著遠方的某處。
>
> （二一九頁）

明道這樣的出場方式很不尋常。而且不只受刑人，連監獄職員都對他另眼相看，給予「特別待遇」，例如幫他拿東西、對他使用敬語。即使是小說，這樣的場景實在太過脫離現實，全國各地的監獄都不可能找到如此備受禮遇的受刑人。美達想把明道打造成什麼樣的人物，大家應該心知肚明。

以下是遼受到明道幫助，上前向他打招呼時的橋段：

「先前真的非常謝謝您。明道先生也是兄弟嗎？可以冒昧請教一下是哪個堂口嗎？」

看著詢問自己隸屬哪裡的遼，明道回答不是堂口，是查拉圖斯特拉，並露出開朗的笑容。

查……斯特拉？那是什麼？哪裡的黑手黨嗎？

這是遼和明道初次碰面的經過。

（一八五至一八六頁）

查拉圖斯特拉是德國哲學家尼采在晚期的哲學研究中使用的「代言人」。尼采的代表作《查拉圖斯特拉如是說》寫於十九世紀末葉，有鑑於當時歐洲社會的衰敗，他提出「超人」思想企圖取代不容質疑的基督教思想。原本隱居深山的查拉圖斯特拉得知「上帝已死」，世界上已經沒有絕對的領袖，相隔十年，他再次下山，向世人傳遞他的思想，這和明道從獨居房「下來」到工廠的設定一模一樣。如同尼采的「超人」思想，明道也說過「世界上沒有上帝」（二九四頁）。這裡我們要思考美達企圖表現「查拉圖斯特拉＝明道＝美達」的定位。

美達將明道設定成「查拉圖斯特拉」，我認為很有問題。我再強調一次，明道就是美達自己，為什麼他把自己描述成如查拉圖斯特拉般的「超人」呢？理由和前述的《圍牆內的運動會》的桐生一樣，是為了將自己和其他不知反省的受刑人劃清界線，這點也明確記錄在已經開始反省的遼與明道之間的對話：

「爲什麼這些囚犯都不知道自己在做什麼呢？」

最近遼對其他受刑人的生存方式感到疑惑，以前從來沒有過。

「因爲他們不肯面對自己，打算自我欺騙一輩子。當你在圍牆裡和外面的世界之間來來回回，就會形成一種文化，對於圍牆裡的生活也開始無感了，以爲這就是日常的一部分。」

「那不就一輩子都是囚犯了？」

「遼，不是每個人都有能力反省自己的罪，做得到的只有一小部分的人。」

明道的態度就像引領著他通往靜謐的世界。

「只有一小部分的人是什麼意思？」

「人家說只要是人都知道悔改，但現實並非如此。進到ＬＢ這種等級的監獄，腦袋已經硬邦邦了，對他們說破嘴也沒用。這些傢伙就等著老死街頭，這才適合他們，誰叫他們沒察覺對別人做的壞事最後都會回到自己身上。」

「明道先生您來開導的話，他們也不會有改變嗎？」

「那也是對有心想改變的人才有用啊。唯獨這件事，除非發自內心主動想改變，否則一輩子都是罪犯。認爲每個人都能改變，不過是在人世間尋求希望與救贖，但就像我之前跟你說的，認不清現實的善有時就是惡，謬誤之中是無法產生眞理的。」

（二九一至二九二頁）

這段對話可以看出美達將自己放在高人一等的位置，指責不知悔改的受刑人「一輩子都是罪犯」，是「惡」，將自己和其他人劃清界線，字裡行間顯露強烈的歧視。

美達曾說自己的犯罪動機之一是「過於膨脹的優越感」（《何謂殺人》三二一頁）。他從小展現卓越的能力，至今仍然無法跳脫用優勝劣敗將人分類的想法，也才把自己擺在「超人」的位置，認為致力於探究反省之路的自己是「特別的」。這種實為歧視的優越感，再加上遵守父親「不能說謊」、「打架就要打到贏」、「遵守承諾」等教條所發展出來的暴力價值觀，兩者相作用下導致犯罪。

◆再犯機率很高

我在〈前言〉提到美達可能再犯，理由就在下述明道的行為。

監獄裡會有霸凌現象，尤其是襲擊女性或幼童的強姦犯被認為「專挑弱者下手」，往往遭到其他受刑人鄙視。他們在監獄屬於「弱勢的一方」，淪為被霸凌的對象。《牢獄的超人》也描述三名受刑人霸凌一名對幼兒犯下強姦殺人罪的受刑人。被霸凌的人叫原島，遼也碰巧在現場。原島正準備把一疊地上的紙堆搬起來時，腰部被伊崎、牛木、大江三人用力踹了一腳，紙張散落一地。看到這一幕的明道冷靜警告三人：

「你們三個，過去一起撿。」

那個聲音彷彿從地底深處傳出來，低沉卻穿透力十足，伊崎三人面面相覷。

明道又說「不想撿是嗎」，伊崎聽了說聲「走吧」打算離開。

「我再說一次，不想撿是嗎？」

明道的聲音非常沉穩，緩緩將身體朝向三人，雙手插在胸前盯著他們，彷彿把人心都看穿了一般。

牛木和大江互看一眼，用眼神詢問對方該怎麼辦，伊崎又說了一聲「走了」便往出口走去。

「年輕人，我再說最後一次，你們不想撿是嗎？聽不懂我說的話嗎？」

「你說呢？沒道理要我們撿吧！」

伊崎用不以爲然的表情說著。

「沒道理是嗎？那你們就跟旁邊那個人渣沒有兩樣。」

明道的雙眼透出從未見過的冷冽光芒，令人爲之一顫。

「什麼人渣……這話太超過了吧！」

伊崎邊說邊打算踏出腳步的瞬間，身體在空中轉了一圈後重重摔落在地上。

什、什麼！剛剛發生了什麼事？完全看不清楚。

遼還在心裡小聲吶喊時，明道已經用左膝壓制伊崎的胸口，迅速把作業帽塞進伊崎那驚訝而張開的口中，不發一語地將他的左手手指往外反折。

喀、喀的連續兩次清脆聲響伴隨著低沉的呻吟，伊崎的小指和無名指被折成不自然的角度。面不改色的明道接著將目光轉向大江和牛木，兩人就像是被鬼壓床般，站得直挺挺，動也不敢動。

永田和原島兩人瞪大眼睛，目不轉睛看著明道。

「快撿吧，小子，那邊兩個也是。」

明道邊說邊輕碰伊崎的中指，接著又是一陣更大的呻吟聲。

看到這個景象，大江和牛木趕緊慌忙撿拾。

他一定不是人，是怪物，遼感到全身毛骨悚然。

（二三一至二三三頁）

明道總共口頭警告伊崎等人三次，看到對方無視便訴諸暴力，完全是美達第二次犯罪的景象。

美達對第二起事件的犯案動機是這麼說的：

> 第二起事件的主因是對方完全沒履行我們之間的約定，其言行舉止在我看來毫無誠意。
>
> 我照他的提議履行我們之間的承諾，也提供他母親生活上的援助，他卻擅自更改條件，而且絲毫不感到抱歉，徹底違反我對合約和承諾的原則。
>
> 我要求他改進，如果他當時肯道歉，我也不會這麼做。就是因爲等不到他的道歉，我也不能就這樣算了。
>
> 我前前後後總共要求他三次，也警告他下不爲例，但是感覺不到他的態度有改善，所以計畫殺了他。
>
> （《何謂殺人》三〇至三一頁）

美達殺人與明道霸凌都是冷靜警告三次，並且強調「這是最後一次」，看到對方死性不改，於是動手。或許有人認為小說情節和現實事件不能相提並論，但我認為正是虛構的小說才反映出作者的真正想法，而美達就是透過明道這個角色，把自己最深層的心理表現出來。

此外，書中把暴力場景描寫得非常生動，甚至有刻意美化的傾向，讓我覺得很奇怪。伊崎等人欺負弱小自然有錯，這無可否認，但無論他們的態度誠懇與否，都不足以用暴力解決。對於不聽警告的人，明道選擇「以力服人」。

看到明道（＝美達）先是把不知悔改的人視為「惡」，然後冷靜地以暴制暴，我不得不認為美達一旦重返社會，將可能再犯。美達曾說「我憑藉著自己占上風的優勢，瞧不起那種仗勢欺人的行為」（二〇一二年《為何我不出獄》四三頁　扶桑社），瞧不起仗勢欺人的人卻不認為自己動用暴力有任何問題。

雖然美達宣稱自己將在監獄終老，但假設他獲得假釋重返社會，情況會是如何呢？像他這樣兼具優異能力與過人努力的人，或許能克服有前科這個障礙，重新在社會上取得成功。然而，這個社會充滿了「仗勢欺人」的人，很難說他絕不對這樣的人行使暴力。不論本人意願如何，只要有機會申請假釋且有再犯可能，都不該讓他重返社會。

簡單說就是美達雖然致力於反省悔過，內心的既有價值觀卻始終沒有改變。至於為什麼沒有改變，是因為他從未面對「真正必須面對的事情」。

◆美達該面對的事情

美達的父親曾教導他「如何使用暴力」，這段過往就清楚記錄在他的自傳體小說《夢之國》。

以下內容是身為父親的菊山當著妻子律子的面前，教導年幼的兒子翔太如何打架的橋段，當然翔太就是美達自己。

空氣中迴盪著骨頭和肌肉撞擊的聲音。

翔太的臉頰變得紅腫，眼淚也流了下來。

菊山帶著一絲淺笑看著翔太。

兩人抱著對方的頭用力互撞。

「怎麼啦，翔太，已經開始掉眼淚了啊，你這樣還算是我的兒子嗎？也太弱了吧？」

翔太強忍淚水，用力把眼睛往上看，嘟著嘴、漲紅著臉，朝向菊山的頭使勁撞過去。

「孩子的爸快住手，你不痛嗎？翔太也快點投降！」

看不下去的律子打算出手相救，停止這場鬧劇，但被菊山一句「吵死了」給擋了回去。

雖然這是家常便飯，律子還是深深嘆了一口氣。

「怎麼樣，翔太，你是爸爸的小孩嗎？還是裝在蘋果箱裡從橋上丟下去的棄嬰？是爸爸的小孩應該要很強才對！」

菊山一邊用言語挑釁，一邊兩手捧起翔太的頭，不斷頭槌攻擊他。

翔太的眼睛流出一串眼淚。

「哭什麼？你這個膽小鬼！」

翔太惡狠狠地瞪著菊山，再次把頭撞過去。

菊山說著「這樣啊」露出淺淺的微笑。

終於結束時，翔太漲紅的額頭腫了大一塊。

每當有人傷害翔太，不論傷痕多小，菊山都會發狂似的怒不可遏，但是對於自己傷害翔太則毫不在意。

（中間省略）

「媽媽，我沒事，不用擔心。」

翔太帶著憤恨的眼神看向父親，朝著菊山那指節突起、滿是傷口的拳頭揍了過去。

他小小的拳頭立刻紅了起來。

對翔太來說，就像揍了一塊石頭。

每揍一拳，身體的振動都讓他的眼淚一滴一滴落下，浸濕了地毯。

隨著揮拳次數增加，眼中憤恨的光芒就更強烈。

「很好，再來換爸爸了。」

翔太用力倒抽一口氣。

最痛的時刻終究還是來了。

他握緊不到菊山一半大的拳頭，往前伸了出去。

菊山嘴上掛著笑容，將自己如石頭般的拳頭揮向翔太的拳頭。

菊山始終笑笑地看著翔太因疼痛而扭曲的臉。

肌肉和骨頭碰撞的聲音愈來愈大，翔太也在內心吶喊。

「我是爸爸的兒子，我很強壯！知道嗎？」

即使對手是小孩，菊山還是逐漸加強力道，同時盯著翔太的眼睛，彷彿在觀察他有多少能耐。

這個過程看菊山心情，有時甚至會持續一小時以上。對翔太而言，這是他最想逃避，也是對父親最恨之入骨的時刻。

（二〇六至二一〇頁）

小時候的翔太（美達）非常恨父親，但是他選擇將恨意埋藏在心裡，小說後續也沒有描寫到他向人傾訴這股恨意。

之後又發生一件事讓翔太再次充滿對父親的恨，而且這次他不只用恨來形容，而是出現「殺意」。菊山總是花名在外，任性妄為。忍無可忍的律子某天突然離家出走，此後菊山不但躺平擺爛、天天買醉，還當著小孩的面說妻子的壞話。事情是發生在翔太小學高年級⋯⋯

「那個白痴女人是不是把要怎麼煮飯、煮味噌湯，還有家裡的事情全部都教你了？」

「嗯。」

「果然是預謀的。你也是人家口中的天才、神童，居然沒發現事有蹊蹺，笨死了。」

翔太惡狠狠地瞪著菊山。

「他媽的，你給我聽好，老子要去把那個女人找出來，然後殺了她，絕不原諒她！」

菊山的眼睛只有在說這句話的時候閃爍著光芒，那絕非正常的眼神。

看著菊山口無遮攔說著母親的壞話，又不斷去找別的女人，翔太心中的恨有如漩渦般深沉漆黑。

先是任性妄爲逼得溫柔的律子離家出走，現在又把自己當作發洩壓力的對象，心中湧現龐大的恨意，甚至動了殺人的念頭。

翔太一心期望自己趕快長大成人，替律子報仇。

（中間省略）

「喂，你那是什麼臉，這是看老爸的眼神嗎？臭小子，我警告你不准用那種眼神看我！」

菊山的鐵拳揮向翔太消瘦的臉頰，把他一拳打飛出去。

儘管如此，翔太凌厲的眼神絲毫未變，恨意在他眼中燃燒出光芒。

「死小子，叫你不准這樣！」

菊山緊握的拳頭從翔太頭上劃過。

雙頰紅腫又滿臉是血的翔太含著淚水，不甘心地抬頭看著菊山。

「該死，有什麼媽媽就有什麼小孩，你眞的是我兒子嗎？」

菊山用充滿血絲的雙眼撂下這句話後轉頭離開。

翔太照著鏡子看見滿臉鮮血的自己，腦中想著菊山，眼底閃著洶湧的憤怒與憎恨，想把他一槍斃命。他下定決心總有一天要替律子和自己殺了菊山。

（二四三至二四五頁）

父親依舊過著荒誕不經的日子，家中經濟也日漸困窘，此時正好有人要收養翔太。正當翔太心想終於能過上正常生活，菊山居然在最後一刻反悔。他感到絕望不已，吞了大量安眠藥企圖自殺。

這天，菊山半夜回到家想叫翔太，卻怎麼也叫不醒。

翔太躺在床上奄奄一息。

旁邊的桌上放了一張紙，上頭寫著：

「辛苦了，再見。」

就這麼一行字。

原來翔太企圖自殺。

這場自殺除了是對眼前希望化爲泡影的反動，更是對不肯放過自己的菊山最大的報復。

（二五五頁）

所幸最後翔太保住一命，菊山經過這次事件後改頭換面，開始努力工作，在翔太升上國中時與一名叫榮子的普通女性再婚。

說到這裡，我們該如何思考翔太出現自殺舉動呢？他的內心充滿對父親的憎恨與殺意，但這些攻擊性的情感始終沒有朝向父親發洩出來。他很明白即使用暴力反抗也沒有勝算，只能讓這些攻擊性的情緒往心裡去。他的自殺未遂可說是對父親的攻擊性情緒未能宣洩，反過來攻擊自己內心所造成的結果。

他無法用「言語」表達對父親的強烈情緒，一句「我最討厭你」或「我恨死你，想殺了你」都說不出口。心一旦受了傷，必須先將痛苦喊出來，並且有人接納才能復原，而翔太之所以說不出口是因為沒有人能接住他的心。他的心嚴重受傷，負面情緒持續壓抑在深處，不見天日。

◆「殺死父親」的必要性

我雖然不曾輔導過像美達這樣高智商的受刑人，但是與我面談的受刑人大多都和美達有相同經歷——兒時因為父親的不當言行留下創傷。各位還記得〈前言〉提過的後藤，他也在小時候承受父親的家暴。雖然司法人員告訴他，小時候遭遇的不幸已經事過境遷，與他犯下的案件無關，但是我要再次強調，小時候的「心傷」不論過了多久都不會消失，更精確的說法是，正因為兒時心裡受的傷未能痊癒，才導致長大後犯下嚴重事件。

大家可以把「心傷」想成是生理問題，或許更有助於理解。肉體的傷若及早治療，通常痊癒得比較快。心也是一樣，小時候心裡的傷如果有人接住就能痊癒，否則那道傷口將一直留在內心深處，甚至嚴重到自己也忘了它的存在，問題行為的起因就是心中這些連自己都未能覺察的傷口。因此，不論多遲都必須治療受刑人的心傷。被父母所傷的人，要讓他把當時未能說出口的話，於此時此刻隨著憤怒吶喊出來：「老爸我恨死你了！」「為什麼要揍我？你這爛人！」沒有治療就給予懲罰，不但會讓傷口更加惡化，還會增強心中的犯罪能量。

許多人小時候恨過父母，長大後卻不願意「否定父母」。受刑人也是如此，他們多半認為「雖然父母對我做了過分的事，但我自己也有錯」、「他們還是有溫柔的地方，也會來監獄看我」、「老爸年紀都那麼大了」、「父母都已經走了」。我完全理解這樣的心情，但問題是內心深處從小到大不曾放下的負面情感不會就此消失。他們真正該面對的課題是自己曾經是被害人的「被害意識」，以美達來說，就是承認對父親的「殺意」。

或許有人會反駁美達從父親那裡得到過剩的愛，由於得到的愛超越了恨，心中的恨應該已經消失了。確實美達自己也認為父親對他付出很深的愛，然而正是這樣的認知讓他抗拒承認內心其實對父親懷抱強烈恨意。恨到想殺人和感到很深的父愛是兩回事，憎恨還是會以憎恨的型態留在心中，接受到的關愛無法與憎恨互相抵銷。

這個道理對我們一般人也通用。即使在父母的關愛下長大，只要曾經被父母動手打過，都忘不了被打時內心的恨，小時候的心傷沒有癒合，長大後便可能再次點燃當時的恨。我們往往沒有意識到這點，導致人際關係產生衝突。

除非美達願意否定父親，否則永遠無法覺察內心深處對父親的強烈恨意，也可以說他對憎恨的情感變得遲鈍。他必須面對內心那份與愛相反的負面情感，才能從父親嚴厲的「管教」獲得解放，而唯有獲得解放，才能徹底改變思考模式。他至今仍有「以力服人」的想法，原因就在於此。

◆對自己傷害他人毫無自覺

美達沒有從父親的「管教」獲得解放的證據，就寫在《夢之國》。

上了高中出現問題行為的翔太，距離畢業只剩下四個月時考取駕照，卻在開車上學的途中肇事撞人，最後沒能畢業。對於一臉遺憾的父親，他這麼說：

「接下來我會去工作，不但會把給你添的麻煩全部還清，還會大大回報你。你等著看吧，老爸。」

（三三三頁）

剛出社會時，他也對父親說過類似的話：「別擔心，老爸，你等著看我的好表現吧，一定會讓你嚇一跳的。」（三四四頁）他的人生目標，自始至終都是讓父親開心。從徵才刊物上找到績效至上的公司，入社後業績表現扶搖直上，不斷改寫全國第一的紀錄。第六個月升任總經理一職，月薪高達五、六十萬日圓。他開始買車，從凱迪拉克中古車連續換了好幾輛高級轎車，而且每次都會開新車去給父親看。

「老爸，我才十九歲，出社會一年半，怎麼樣？」

看著下巴蹺得老高的翔太，菊山哼了一聲。

「這算什麼，不過是這種等級的車子而已，才這樣你就得意洋洋，眼界也太小了吧！哈哈哈。」

「我不是在說笑，老爸，這不過是階段性目標，更厲害的還在後頭。我會更快達標，你等著看吧！」

（三五四頁）

這段對話也能看出他渴望獲得父親肯定。他以二十歲的年齡當上史上最年輕的總經理，年收高達八千萬日圓。之後離開公司自行創業，與父親同樣從事金融業生意。和名叫千鶴的女子結婚後，「按照菊山要求，從老家開車五、六分鐘內的距離」（三六四頁），在新大樓裡買了一戶約三十六坪的房子，生了一個兒子，取名聖大。

聖大滿兩歲時，翔太和酒店女子交往。然而他謹守父親的「不能說謊」教條，「每次去找女朋友都會老實（跟老婆）說，否則過意不去」（三八三頁），絲毫感覺不到這對妻子千鶴造成多大的傷害。一味遵守父親的教誨，導致他連傷害到身邊的人都變得非常遲鈍，由這段小插曲便可窺知一二。與千鶴離婚後，翔太又和名為伶子的女性再婚，收入也愈來愈高，高級名車一輛換過一輛，身上佩戴的手錶皮帶都是頂級好貨。

這段期間，離家出走的律子突然出現，她不幸罹患會失明的罕見疾病——貝西氏症（Behçet's Disease）。回來之後她與菊山重修舊好，以下是一段翔太和父母三人之間談笑的橋段：

「錢這種東西啊，一旦變多了，就會開始自己講話，叫你再幫它們多找些同伴過來，人就變成任憑使喚的下人了。所以錢只要比自己夠用的再多一點就好，不過爸爸走的時候一毛都不留給你就是了！」

「不用留給我啦，老爸。只不過我還在思考，到底是該賺到什麼程度再收手才比較好呢……」

「那翔太你想賺到什麼程度？」

律子緩緩伸出手，用指尖確認桌上紅酒杯的位置。

「至少做到日本第一吧，先成爲全日本最會賺錢的男人。老爸，你等著看我的下一步，我的能耐還不只這樣呢。」

「哈哈哈，夢想要愈大愈好啊！」

（三八九頁）

「你等著看」成為他的口頭禪。為了獲得父親認可，他要求自己不斷成長。

翔太後來犯下殺人事件，動機就如本章一開始的描述。他如此告訴來接見的父親：「我絕不容許那種說謊不打草稿、被戳破還大言不慚的人，這就是我的做法，也這麼昭告天下，所以要是不動手就變成我在說謊。我也沒去想今後的人生會變得怎樣，我是老爸的兒子，做事靠的不是得失，而是信念。」（四〇〇至四〇一頁）他把父親教條中的「不能說謊」擺在最前面，只因為被害人的態度不老實就奪走他的生命。

以下是替菊山父子進行性格測驗的精神科醫生與翔太之間的對話：

「對爸爸來說，拳頭就是一切，跟善惡無關。只要不是第一名，不管是兒子還是孫子，第二名到第一百名都一樣爛，這是很簡單的道理。」

「做什麼事都第一名的你，對他來說就像是自己的分身，是兒子也是他自己。我想正因爲你一路走來都沒有讓他期望落空，所以你就是他的一切。你爸爸跟一般父親很不一樣，而你也照著他的期望長大成人。」

翔太從來不認爲自己是被要求當第一名。

只是每次看到菊山誇獎自己做得好而流露出的笑容，都會讓他很開心，就只是這樣而已。

出了社會認識更多的人才發覺，一手把自己養大的父親原來是個奇怪的人，但這也讓他感到自豪與欣喜。

我有那樣的爸爸所以絕對不能輸，要當個正直的人，成爲他的驕傲。翔太自始至終都是這麼想的。

（四一六頁）

翔太的心聲其實昭然若揭，不斷追求成功的背後是希望「獲得父親肯定」，也就是「獲得父親的愛」。

想得到父親的愛可以老實說「我希望你愛我」，但是他不知道可以這麼做，從小養成「金錢等於回報」的觀念，讓他以為賺錢不僅是展現能力，也是獲得父親關愛的方法。為了展現能力，他用盡全力自我成長，努力實現「被父親所愛」的心願。父親對他而言宛如絕對的存在，也才為了遵守父親的教誨而動手殺人。由此可知翔太（美達）在精神上無法脫離父親，內心始終停留在小時候。

◆放棄假釋是做給父親看

翔太最後被判處無期徒刑，移送LB指標監獄。菊山發誓戒菸戒酒，活到一百歲等翔太回來。接見時，菊山提到聖大在學校成績不是第一名。看到父親大失所望的樣子，翔太在心中喃喃自語：

這麼回想起來，如果我不是第一名，爸爸也不會這麼愛我吧？

血緣……難道血緣還不夠嗎？

我們身上確實流著菊山的血，但菊山認爲的血緣必須是第一名才算數。

原來如果不夠強大，眼前這個男人就不會承認自己是他的血親。

（四三三頁）

翔太心中「一定要得第一」、「男人必須讓自己強大」、「像個男子漢」等價值觀是在與父親的互動中建立起來的，他也確實貫徹這些信念，任何領域都做到「第一」，設法愈來愈「強大」，活得「像個男子漢」，以得到父親的愛。然而兒子聖大卻沒辦法成為第一名。

看著父親對聖大的態度，翔太或說美達在此時更加確信「真實的自己」無法被愛，因為只有「得第一的強大男子漢」才值得被愛。他無法接受兒子不是第一名，因為接受就意味著否定自己相信了一輩子的人生觀。事到如今，他再次堅信得到父愛的方法唯有「像個男子漢」。他不但沒有意識到父親的教條潛藏著引發犯罪的因子，反而自己主動強化這些危險的價值觀。

我再重複一次，翔太亦即美達若想從父親的「管教」解脫，必須否定父親：「為什麼我不是第一名你就不會愛我？」「為什麼我非得要變得強大才行？」「為什麼你就不能愛原本的我？」不將這些負面情緒發洩出來，不會有從父親束縛解放的一天。

後來，那個口口聲聲說要活到一百歲的父親，健康卻出了問題。菊山從七十四歲開始，病情惡化到必須洗腎，成天喊著背痛。儘管如此，他仍忍著病痛持續與翔太接見：

「你的前途還大有可爲，人靠的是實力和毅力，有實力和毅力就不用擔心，你是我兒子，身上流著我的血啊！」

「我知道，老爸，你等著看吧，我做得到的。」

進了監獄的翔太還是重複著口頭禪「你等著看」。後來菊山因肺癌過世，他的再婚對象榮子處理完丈夫的喪事後，寫了一封信給翔太。翔太讀完信，在心中默唸以下這段話，《夢之國》也在此劃下句點。

我和老爸不管發生什麼事都在一起。

「你爸爸到最後一刻還在說：『那個孩子做什麼都會成功，因爲他身上流著我的血，他是我兒子。』

請務必以身爲你父親的兒子感到驕傲。」

讀完這封信的翔太將視線望向窗外。

老爸，這段時間謝謝你，請你安息。

老爸，你等著看吧，我的能耐不只這樣，我的人生不會就此結束。

牢房窗外是一片初秋時節的無盡天空，高掛天際的太陽在此刻閃爍了一道光芒。

（四五〇頁）

「老爸，你等著看吧」，類似的話翔太說過無數次，《夢之國》的最後也以這句話作結。父親死後，他仍然渴望獲得父親的肯定（愛）。

父親的死讓美達放棄假釋，決定在監獄裡終老。他將當時的心情寫在《何謂殺人》中：

經歷了父親的死，我的心情從原本猶豫「要不要重返社會」明確轉變爲「不必回到社會」，內心不再掙扎，變得輕鬆許多。如此決定當然有我自己的理由，但這絕不是自我放棄的不負責決定，而是徹底擺脫所有束縛，基於自由判斷與行動所做出的決定。

父親的教誨是我做人處事的標準，如今更是深深影響著我。父親在我心中的分量也更深了。

（《何謂殺人》二三一頁）

美達所謂「我自己的理由」應該是被害人家屬在法庭上說的「如果不能判死刑，希望他一輩子都在監獄」，然而他選擇放棄假釋，真的出自於「徹底擺脫所有束縛」嗎？就如後面寫到「父親在我心中的分量也更深了」，留在監獄的決定與從父親身上學到的「像個男子漢」價值觀是相關的。既然身為男人，理所當然要為自己的行為做個了斷，而美達選擇的了斷方式是不再踏出監獄。這個說法或許難聽，換個角度想他其實是想「做給父親看」。當然我不否認這個決定的背後也有對被害人的考量，但那只是表面上的理由，真正理由是他總是下意識選擇可以獲得父親認同（愛）的方式。

因此，美達放棄假釋。但是選擇老死獄中的決定不能和更生混為一談，除非他將對父親的負面情感完全發洩出來，進而覺察內心的痛苦，否則無法踏上通往更生的道路。更嚴厲的說法是，他不過是「陶醉」在被父親的「管教」所束縛的生活方式罷了。

◆想當「超人」就沒辦法更生

美達如何看待「孤獨」，從書中某個段落可窺知一二。以下是《圍牆內的運動會》桐生亞希良說的話：

「說到底，這些囚犯都沒辦法忍受孤獨，只會虛張聲勢，落單的時候比小孩子還難搞。想反省檢討就必須獨處，腦袋才會思考，這群囚犯都討厭獨處，所以不知反省。孤獨是人生在世的基本，是一種崇高的狀態，沒辦法忍受孤獨的人無法思考生命的意義。」

桐生面無表情地說著。

（一五九頁）

確實如桐生所言，受刑人都害怕孤單。他們在成長過程中一直很孤單，身邊也沒人能接住自己，只能忍受寂寞活下去，又因為寂寞難以負荷，找人成群結黨。然而，他們加入的群體並非能展現「真實自己」的「歸屬」，在那裡他們總是逞強好勝、裝模作樣，深怕他人離自己而去。每位受刑人的內心深處其實充滿了說不盡的寂寞、悲傷、痛苦。

美達今後又會如何呢？如果他能把小時候對父親的負面情感發洩出來，大聲吶喊「我希望你愛的是真實的我」、「你每次想怎樣就怎樣，還敢說離家出走的媽媽壞話，我恨死你了」，應該會徹底改變吧！

首先他會發覺自己原來也是一個受傷的人，如此就能拉近與其他人的距離。那些看似不思反省的受刑人，只要和他們坦誠相對，其實會發現彼此都是受傷的人，而此時，他心中的「歧視」便會消失。這不但是他與其他受刑人建立關係的瞬間，也是覺察「與人建立關係的重要性」的瞬間，更是成功更生的關鍵。

我猜監獄裡的美達就如書中的明道，雖然不可能獲得特別待遇，但是看在監獄官眼裡，試圖同理被害人的他就是一副努力想重新做人的樣子。這樣的人卻不「下來」工廠，也不和其他受刑人打交道，整天關在獨居房裡過日子，真的好嗎？

《牢獄的超人》的明道聖仁體現了尼采的查拉圖斯特拉，而查拉圖斯特拉是「超人」，美達認為自己就是超人。查拉圖斯特拉想把自己的思想傳遞給世人，但是沒有人能理解，最後再次退隱山林。美達現在的樣子就像是不被人理解而選擇孤獨的查拉圖斯特拉，因為他的腦海裡不存在與人建立關係這個選項。

小說中的桐生亞希良和明道聖仁面對主動想反省的受刑人，有如一位講著難懂話語的「老師」，例如明道給山川遼的教誨是「我們沒有獲得救贖的一天，要一輩子與苦惱共存，這就是加害人的人生，你要好好記住」（二八八頁），領受這種教誨的受刑人真的能夠更生嗎？

《牢獄的超人》的結尾是遼在心中呢喃「真正的挑戰接下來才開始，我一定要做個好人」（三一七頁），與《夢之國》的翔太獨白大同小異，那麼遼今後究竟會變得如何呢？正如明道所說，更生必然是「與苦惱共存」，因為被害人家屬不可能原諒加害人。但是，「與苦惱共存」是有條件的，也就是必須有接納自己的「他人」，聽自己吐苦水、讓自己撒嬌。我不認為遼辦得到，畢竟明道沒有教他撒嬌、依賴等與人互動的方式，明道自己也不是那樣的人。將孤獨視為「人生在世的基本」，並且「與苦惱共存」，只會造成更多壓抑，遲早要爆發。如果各位問我山川遼有機會更生嗎？我必須說很困難。

尼采在世時無法讓世人理解他的思想，晚年精神出現異常，一八八九年一月三日昏倒在杜林的廣場上，直到一九九〇年八月二十五日過世為止都被當成病人。美達若持續這樣的思考模式，遑論更生，恐怕遲早精神異常。

本章探討了美達大和這名無期徒刑受刑人的價值觀與人生觀，如同〈前言〉所寫，我並不是單純批判美達這個人，而是以協助受刑人更生的立場，希望他藉此機會重新思考什麼是反省，更生又該怎麼做。獨自一人思考被害人心理無法達到真正的反省，也不可能更生，我衷心希望他放棄當個「超人」（停止晝夜獨居的生活），回到人間（下來有受刑人在的工廠）。

4 **第一代在日韓國人** 二戰期間從殖民地朝鮮半島來到日本，戰爭結束後選擇留在日本的韓國人。

第3章

用對等的態度看待受刑人

治好心裡的傷，才是真正的教育

Chapter 3

受刑者も一人の対等な人間である

凶悪犯罪者こそ更生します

◆幾乎沒有受刑人主動接受個人面談

監獄裡很少受刑人會申請與我個人面談，其中一個理由是不知道原來有這個「制度」。

目前我在LB指標監獄擔任教誨志工，而我服務的獄所有提供個人心理諮商的只有我。監獄裡會用一張「紙」張貼各教誨志工負責的內容，但受刑人幾乎不會留意。每位教誨志工負責的領域五花八門，有下圍棋或將棋等興趣類，也有為兒時沒機會好好上學的受刑人教導小學程度的國語、算術，或是學習聖經、佛教等，我所負責的個人面談也是其中之一。

申請方式是在獄方規定的「需求單」寫下需求，但提出這項需求的人並不多，畢竟絕大多數的受刑人都不會主動找人商量煩惱。至於為什麼沒有這種想法，是因為他們過去在社會上也沒有類似經驗。理由與內心被灌輸的價值觀有很深的關係，例如「像個男子漢」、「不能讓人看見自己的弱點」（他們認為找人商量就是暴露自己的弱點）、「獨自一個人好好努力」。因此遇到困難或痛苦的事情，他們傾向獨自一人（不找人商量、不倚賴別人）試圖解決，壓抑負面情緒，最後的結果就是爆發。

然而，在收容刑期十年以上的LB指標監獄裡，或多或少會有一些人因為長期服刑，日常生活中出現令他苦惱不已的問題，產生了「不然找人聊聊看吧」的念頭，因而申請與我面談。

我也曾在B指標監獄擔任三年的教誨志工，所謂B指標監獄是收容刑期未達十年的累犯，又以毒品犯為最多。目前我也在該獄所授課，在獄方為吸毒受刑人開設的課程中負責其中一堂。在這三年任職期間，我只進行過一次個人面談，是一位上過我的課的成員表示「我想再跟老師見一次面」。那唯一的一次，他告訴我「上了老師的課之後，我的想法改變了，正在努力改變自己」，而我只有鼓勵他，短短十分鐘便結束當天面談。由此可知，刑期未達十年的短刑期受刑人比長刑期受刑人更沒有找人商量煩惱的想法。

大多數短刑期受刑人腦中只想著趕快結束刑期，也因為重複著枯燥單調的監獄作業，感覺時間過得特別快，不會面對內心的煩惱。從這點來看，也可以反過來說相較於長刑期受刑人，短刑期受刑人更生的機率更低。

個人面談次數很少的理由當中，我最擔心的是監獄文化的問題。對於明顯看得出來有煩惱的受刑人，監獄官會建議「要不要試試看個人面談」；至於老實服刑的受刑人在監獄官眼中看起來「沒有任何問題」，所以沒機會與我接觸。愈是老實服刑，愈可能在心中立誓「打死不再進到這裡」，而監獄官長期看著這樣的「認真」態度，自然認為「這名受刑人應該沒問題」，但實際情況是重返社會後沒多久又再犯。由於類似情況一再發生，監獄官也陷入深深的無力感之中，感嘆「果然還是失敗了」。

一位監獄官曾告訴我：「他們（受刑人）就算更生，回到社會也不會有人理他們。」不是這樣的，問題出在他們在監獄裡從來沒接受過**「建立人際關係的教育」**。對一般人來說，依賴他人、找人吐苦水是稀鬆平常的事，但是這些受刑人做不到。他們離開監獄會被貼上曾是罪犯的標籤，在社會上做任何事情都被放大檢視，因此更需要學會如何與人建立關係。

◆以對等的態度看待

儘管申請個人面談的受刑人寥寥無幾，但確實有幾人主動前來與我商量煩惱。也因為他們有強烈動機，面談初始和一般諮商一樣進行得相當順暢，只要從「今天你想聊聊什麼呢？」開始就好。

各位或許會覺得「好難想像要跟受刑人一對一面談」，但其實與一般面談並無二致，最大不同是監獄官會在後方陪同，以防「萬一」。不過受刑人幾乎不受任何影響侃侃而談，有些人甚至講起其他監獄官的壞話，或表達對獄方處遇的不滿，反而是我比較緊張，膽顫心驚地想著：「後面站著監獄官，你這樣講真的好嗎？」但是現在也慢慢習慣了。

進入正題，與受刑人面談時，最重要的是建立信任感。說起來理所當然，但做起來知易行難。

即使是你我，也不可能對任何人都敞開心房說真話，更何況受刑人背負著傷害他人或被人所傷的經驗，其緊閉心房的程度遠勝於一般人。各位或許會覺得「這樣很難進行面談」，但其實並不困難，只要不把他們當成罪犯，用對等的態度好好傾聽就夠了。他們會小心翼翼觀察坐在眼前的這個人「是怎樣的人」，協助者必須把他們當作普通人，保持「我想聽你（受刑人）說說你的故事」的態度是最重要的。

此外，各位或許會懷疑要建立信任感不是很花時間嗎？其實不全然如此，只要像〈前言〉的後藤案例，讓對方了解我是「願意聽他說話的人」，用不了三十分鐘就能做到。反過來說，老是帶著「上對下」的態度，永遠不可能讓受刑人敞開心房。

◆眼淚是療癒心傷的良藥

受刑人來商量的內容主要是服刑期間的人際關係問題，不論圍牆內外，人的煩惱還是圍繞著人際關係，關鍵是如何從他的煩惱深入探討。

假設他的煩惱是「跟人相處只要不順，馬上氣到理智斷線」。我會先聽他把話說完，再將重點放到過去，進而提問：「這種狀況是從什麼時候開始的呢？」能夠突圍的問法有很多種，例如：「你認為自己的個性怎麼樣？什麼時候開始變成這樣的個性呢？」「小時候家裡發生過什麼事？」「小時候父母經常對你說什麼？」「你的母親是什麼樣的人？」要用哪種問法必須配合對話狀況，選擇對方容易說出口的問題，藉由提問了解他的過去。

我幾乎可以斷言所有受刑人都經歷過不幸的童年，認真傾聽他們訴說自己的過往會發現，他們都對父母（或照顧者）抱持負面情感。例如在學校遭到霸凌，回家向父母訴苦後卻被指責「你要想辦法對抗，否則就不要回家」、「自己的問題自己解決」，我會試著反問：「那時，你心裡其實希望媽媽對你說什麼呢？」他或許會回答「我希望她可以接住我的情緒」或「我希望她什麼都不要說，溫柔對待我就好」。

接著，我會利用角色扮演或空椅技術（Empty chair technique）重現當時情況，引導他把話說出來。空椅技術是完形治療（Gestalt therapy）中的心理療法，意指在諮商對象面前放一把「空的椅子」，請他想像自己想對話的人物就坐在那把椅子上，藉此引導他吐露心聲。有些受刑人可以毫不猶豫地做到，也有受刑人因為「害羞」而躊躇不前。

當然沒必要勉強他們一定要說出來，不過常見情況是，一旦願意開口訴說，即使只有一句話，接著就會像噴泉般不斷湧出，情緒也跟著水漲船高，連帶將內心深處的憤怒、孤單等各種負面情感一口氣宣洩出來。不少人因為從來沒想過自己會說出這些話，還流下了眼淚，甚至放聲大哭，而眼淚其實是療癒內心傷口的「良藥」。

受刑人一旦經歷過這樣的發洩，心情會變得輕鬆，也能獲得一些覺察，內心開始產生劇烈變化。就算這種發洩只有一次，只要將內心長年壓抑的情感一吐為快之後，都會出現大幅轉變。他們會恍然大悟「原來我心裡有這麼多『討厭的東西』」，也因為把這些惡劣情緒全部宣洩出來，心靈彷彿受到淨化一般，感到神清氣爽。

◆透過寫信發洩負面情緒

負面情緒不可能在一次面談中全部宣洩完畢，所以我會用角色書信療法請他們寫作業。假設小時候老是被父親暴力相向，我會請他想像自己回到小時候，寫一封「小時候的我寫給爸爸」的信，幫助他真正面對自己。

然而，吐露負面情緒並不容易，因為必須面對長期封印的情感，這段過程非常辛苦，所以才需要協助者的陪伴。有些指導者會認為「反正就是叫他講講真話而已」，以為隨便出個功課就可以。但是對受輔人而言，一旦感受不到自己被對方接納，就不可能吐露心聲。協助者要成為讓他們感受到「雖然很痛苦，但是如果有這個人（協助者）的陪伴，我願意試試看面對自己的內心」、「我想要改變」的那個人。

我向受刑人說明發洩負面情緒的重要性時，會用**「把嘔吐物吐出來」**來形容。各位應該都有想吐卻吐不出來的經驗，東西都卡在胃裡，不適感會持續很久，而受刑人的內心某種程度就是積滿「嘔吐物」的狀態，一定要吐出來才會輕鬆，輕鬆之後才可能吸收新的事物（新觀點、自我理解、新的想法或價值觀）。當他們用文字或語言發洩負面情緒後，我會問：「全部吐出來了嗎？」當他們回答「我全都吐出來了」的瞬間，臉上都帶著煥然一新的表情，神色看起來很清爽。就像嘔吐的時候很難受一樣，宣洩負面情緒時也是很痛苦的，尤其獨自一人更是痛苦，因此一定要有人在背後替他拍拍背，這就是協助者的角色。

做到這個程度的受刑人都能獲得更深的自我理解，對於自己究竟抱持怎樣的想法和價值觀，而這些想法和價值觀又是如何形成，應該都已經很清楚。例如理解到從小被父母教育「是男人就不能輸」、「連打架都不敢，太不像話了」，因而養成「被打了就要打回去」的價值觀。

當受刑人提到自己被霸凌的往事，我會問：「那時你怎麼辦？」「有找人商量嗎？」他們通常不會找人商量，任何事情都往肚子裡吞。我會再進一步詢問：「你是不是屬於一個人埋頭苦幹的類型？」這對我們來說完全不難理解，但是受刑人都會感到驚訝：「為什麼你會知道我的個性！」進而湧現出想和眼前這個人（＝我）商量看看的意願。「有人了解我」帶給他們安全感，與協助者間的信任感也會更加穩固。

有了自我理解，就能進一步思考自己犯下的案件與過去的價值觀、人生觀的關係。我會講出我的觀察：「會不會是因為你心裡認為是男人就不能吐苦水，所以才沒辦法向人訴說煩惱？」「或許是因為你太害怕孤單，所以才接受壞朋友的邀約。」這些大多是他們過去從未有過的觀點，因而恍然大悟。

到了這個階段，他們內心會產生對被害人的罪惡感：「寫了角色書信療法的信，也跟老師聊過之後，很不可思議的是，我開始思考以前的事。」「不知道為什麼，最近總會想到案件的事。」「我開始夢見被害人了。」我會加以稱讚：「你已經開始想到被害人了，真了不起。」如此一來用不著要求，他們會開始主動閱讀有關被害人的書籍。一旦有了自我理解，就會想了解對方。他們不再是被動要求這麼做，而是發自內心想了解被害人，這就是真正反省的起點。

我把順序再整理一遍：

確認過去發生的事實。

↓

確認內心深處的負面情緒。

↓

宣洩負面情緒。

↓

自我理解（覺察）與心態轉變。

↓

對被害人的罪惡感開始萌芽與擴大。

這是最理想的狀況，中間可能會遭遇阻礙或繞遠路，但大方向是不變的。

◆反省無法靠一己之力做到

將出獄後的受刑人無法融入社會視為問題的濱井浩一指出「改頭換面不算是更生，還需要周圍的人幫助」，並引用一篇寫到「反省可以獨自做到，但更生無法」的文章（二〇一三年《義大利不驅逐罪犯的挑戰：從隔離通往地區內自立支援》現代人文社）。老實說我並不認同他的看法，更生確實無法靠一己之力做到，反省也是。

就如前面的說明，反省必須經歷覺察內心深處的負面情緒並且宣洩出來的過程，理解自己內心的痛苦，才能體會被害人內心的痛楚，由衷湧現對不起被害人的想法。只靠自己一個人走過這段經歷是不可能的。

我認為濱井引用的「反省」僅止於教育受刑人同理被害人。但是，略過探索自己內心的步驟，無法真正了解被害人的痛苦。他們仍舊不理解自己究竟為何犯案，價值觀和想法幾乎沒有改變。這樣的受刑人回到社會上，不論我們為他們準備再完整的「配套」，他們也不知如何依賴他人、向人撒嬌，結果還是無法與人建立關係。

再者，對協助者敞開心房，進而整理心情、探索內心的步驟，也是在幫助他們練習如何倚賴「他人」（協助者），藉由相信他人（協助者）、倚賴他人（協助者）、對他人（協助者）撒嬌的經驗，切身體會與人建立關係的重要性。也就是說，受刑人想要更生，必須透過協助者的存在，習得與人建立關係的技巧。

輔導過程中，我會對受刑人說：「你幫助我很多呢！」受刑人打從心裡認為自己是受到幫助的一方，因而嚇了一跳，反問我：「什麼?!為什麼這麼說？」我會告訴他：「因為幫助你，讓我體會到自己是被需要的，這讓我產生活下去的力量。」與人建立關係時，讓自己成為他人不可或缺的存在也很重要，而這點除了接受他人的幫忙，透過幫助他人也能做到。

要讓一個人體會「人」的重要性，除了要有「受人幫忙的經驗」外，「幫助他人的經驗」也同樣必要。就像有人找我們商量煩惱，我們會感到「被信任」的喜悅，受刑人也需要累積「受人幫忙」和「幫助他人」的經驗。

◆自稱「我是神經病」的受刑人

本章的最後，我想介紹一個個人面談的案例。個案是一位四十多歲的受刑人，姑且稱他為小川。

面談一開始，我問道：「今天想聊聊什麼呢？」

他劈頭就說「我懷疑我是神經病」，接著又說：「我有看書，看起來很像是人格障礙，老師可以幫我看看嗎？」

「為什麼你會覺得自己是神經病呢？」我繼續問道。

他開始提起自己的犯案經過，並且說了一句：「我不覺得自己有什麼不對。」

小川專門鎖定從事援助交際或在性產業上班的女性，囚禁對方並恐嚇取財。這些女性大多對自己的工作保密，他就是看準這點，先和對方建立交情，之後開始予取予求。他的說法是，只要抓到一個女人，就可以「賺到」數十萬甚至數百萬日圓。這次入獄是因為長期監禁三名女性，搜刮上千萬日圓，最後被害人脫逃才讓罪行敗露。他過去也用相同手法從眾多女性身上搜刮鉅額款項，被逮捕後入監，一出獄又立刻物色「搖錢樹」，榨乾對方的錢然後被逮捕，同樣行為一而再再而三重演。他說自己「待在外面（社會上）不會超過三年」，對於搜刮賣春女性的錢絲毫沒有罪惡感，才會認為自己是「神經病」。

我認為他毫無罪惡感一定有他自己的「理由」，於是從這次案件開始回溯過往，聽聽他怎麼說。他說自己從國中開始就過著「性與暴力的日子」，找到交往對象、發生性關係、動手打對方然後道歉、再次發生性關係，同樣行徑不斷輪迴，國中時還讓女方懷孕墮胎，他說「那時完全不覺得自己做了壞事」。

接著我們聊到小學發生的事，他提到曾在學校動手打人，然後想起一件往事：「小學三年級的時候，我把整瓶美乃滋倒在某個女孩子身上，那時也不覺得自己有錯。」我問道：「那時候，你家裡是不是發生了不好的事情？」他想了一下回答：「這麼說來，我媽那個時候常常不在家。」我認為這是一個關鍵，請他仔細告訴我當時情況。

父母在他小時候離婚，他和姊姊妹妹都被母親帶走。母親在酒店上班，他每天放學回到家，媽媽都不在家。此外，母親會帶男人回家做愛，完全不管小川是否也在家。他說「媽媽對我很溫柔」，因為不管他做什麼壞事，媽媽都不會罵他。不論是國小把美乃滋倒在女孩子頭上，還是國中讓女生懷孕，媽媽都沒有罵過他。我推測小川的母親應該是對他有「虧欠感」才沒有責罵他。

「當時你心裡其實想要媽媽怎麼做呢？」我問道。

「我希望她大聲罵我。」

「現在請你想像眼前有一把『(空的)椅子』，你媽媽就坐在那裡。請你回到小時候，試著把那時想說的話全部說出來。先閉上眼睛，當你覺得自己已經回到小時候再張開眼睛，對著它說話。」我如此告訴他。

◆「媽媽，我真的好孤單啊！」

他按照指示閉上眼睛，幾分鐘後睜開雙眼，對著眼前的椅子開始說話：

媽媽，我眞的好孤單啊！爲什麼妳都不關心我呢？

每天我都是一個人待在黑漆漆的家裡。妳就算偶爾回家也帶著不認識的叔叔回來，我好希望妳不要理那些叔叔，好好陪我玩。

國小的時候、國中的時候，不管我做了多麼差勁的事，妳都不曾罵過我。爲什麼妳不肯罵我呢？我明明做了那麼過分的事，妳卻一句話都不說！爲什麼？我眞的不懂。

（以下省略）

小川眼裡含著淚，對著那把空椅子不斷訴說。

訴說完後，他的感想是「突然覺得很輕鬆」。我先是稱讚他「能夠說出來真的很了不起，可見你心裡一直累積了很多討厭的東西」，接著鼓勵他：「我們就這樣一起慢慢整理內心吧！」聽到這句話，他的臉上第一次出現笑容。

我認為他還有很多想對母親說的話，所以請他寫下一封「小學生的我寫給母親」的信，作為當天的功課。面談結束時，他主動提到：「老師，我會把美乃滋倒在女生頭上，也跟媽媽的事情有關吧？」藉由空椅技術的練習，他已經發覺到自己將孤單與壓力發洩在那位女同學身上。

以下是小川交回來的「小學生的我寫給母親」的部分內容：

媽媽，爲什麼妳下班回來煮好晚飯後，就跟不認識的叔叔出去呢？我眞的很孤單，放學回到家裡都沒半個人。總算等到天黑，妳還是沒有回來，別人家裡都已經亮著燈，看起來很開心的樣子。我只能一個人看電視，好無聊。

外頭一片漆黑，妳總算回來了，手上提著白色塑膠袋。今天晚餐要吃什麼呢？什麼？妳又要跟不認識的叔叔出去？爲什麼？我好不容易才等到妳回來……

A（姊姊的名字）每次都自己玩，不理我，所以我才會欺負她。只要拿蛇或青蛙嚇她，她就很害怕，然後給我五十圓。欺負B（妹妹的名字）也很好玩，一弄她就會哭。

（中間省略）

媽媽，爲什麼妳不肯陪我玩呢？爲什麼爸爸不在家呢？妳這麼怕爸爸嗎？不用擔心，爸爸來了我就替妳殺了他！

（中間省略）

學校也很無聊，每個人都不跟我做朋友，爲什麼呢？我要揍扁他們！C和D（朋友的名字）今天被我揍，我還去他們家把東西全部吃光了。

（中間省略）

媽媽，對不起……別人送的螃蟹我全都吃掉了。媽媽，爲什麼妳不生氣呢？

媽媽，爲什麼妳老是不在家呢？我好希望妳至少晚上可以在家，我好想要妳疼我。

媽媽，今天我跟A還有E、F（E是女同學、F是男同學）一起玩做愛遊戲哦，眞好玩！媽媽妳都不在家，一定不知道吧？

不管怎樣都好，媽媽，我好希望妳多陪陪我。

透過空椅技術加上角色書信療法，小川終於覺察自己的「心傷」，不被母親接納讓他很寂寞，才以欺負兄弟姊妹或同學的方式，發洩無法滿足的孤單。

他的家人有母親、姊姊、妹妹，全都是女性。他主動表示「我還有話想說」，於是我請他寫下第二封信：「我寫給全家人」。

◆「想要被愛」的渴望是更生的起跑點

我寫給全家人

（前面省略）

守法很重要，但犯了罪不只這樣。

這個世界的規則是犯了法就無法好好生存，所以我才會在這裡（監獄）。聽到這番話，媽媽妳也覺得我是笨蛋吧？但養出這種笨蛋的就是妳！

我也知道自己是笨蛋，每天都在跟自己搏鬥。雖然我很笨，但只要妳們有困難，我絕對赴湯蹈火。如果神明說「想讓家人活命，你就得死」，我可以馬上去死。我的心是跟妳們在一起的，這才是我。到底什麼叫家人？妳們教教我吧？好歹給我一點線索吧？家人之間的羈絆又是什麼？教教我啊！

不要光說不做，用行動告訴我！

這樣的話，我一定會是一個最了解妳們的男人。就是因爲沒有，我才沒辦法相信妳們任何一個人，也沒辦法相信女人，我恨女人。

我也想對女人好，想愛女人，也想要被愛。

但我心裡就不是這麼想，所以不可能做到。

這點道理，已經是大人的我當然懂。

我也很想打從心裡相信我可以愛女人，但就是做不到。就是因爲不相信所以傷害女人，一而再再而三，才一直被關進監獄啊！

媽媽、姊姊、妹妹，不知道妳們過得幸不幸福？我不相信妳們，只要是女人都不能相信！我就是變成這樣才會傷害那麼多女人，傷害她們、讓她們哭，然後被送進這裡。我變成這副德行，那妳們呢？幸福嗎?!

每次我傷害那些應該被疼惜的女人，我都很難過，很痛苦。我不知道自己爲什麼做出這種事，我關在獨居房裡晝思夜想，還是找不到答案。我不知道怎麼對女人好，我不知道怎麼愛女人，我唯一會的就是讓女人高潮，只有這樣。這根本不是愛，我當然知道，但知道也沒用，我其他什麼都不會。

我好恨女人，但其實我根本不想恨女人。

我想好好對待女人，但是我做不到，因爲我不相信她們。

女人很可愛，但是很令人火大，一覺得火大我就會動手。如果慾火和怒火一起燒起來，我就停不了手，最後可能會動手殺人，我眞的不知道該怎麼辦，這是我的眞心話。這個世界上根本沒有什麼幸福，都是地獄。但就算是這樣，還是有我應該保護的東西，不就是家人的羈絆嗎？雖然我心裡這樣想，但還是沒辦法相信妳們說的話，請妳們用行動證明。

給我一點希望，讓我看到家人的羈絆，那麼我的人生就可以改變。

從這段文字中，小川對家人有著強烈的不信任，卻又強烈追求家人的羈絆。他厭惡女性，卻又渴望得到女性的愛，內心充滿糾結。此時請不要用「你傷害過那麼多女生還『想要被愛』，也太自私」這樣的大道理回應他。吐露真心話能療癒「心傷」，而心傷癒合了，心就會恢復正常。吐露心聲的小川已經理解到自己為何傷害女性，也覺察到傷害女性時自己內心的痛苦。

他的文字中還有一個值得注意的地方，就是用了「想要被愛」這幾個字。能夠老實表達自己「想要被愛」，就證明他的心已經復原，因為「想要被愛」的渴望是人類的本能。

據說小川後來真的寫信給自己的姊姊和妹妹，把一再犯罪的理由、對家人的情感、希望得到家人的愛都一五一十寫了下來。雖然我無從得知那封信能否打動對方，但小川確實改變了。他開始湧現罪惡感，已經復原的心也因為發覺到過去犯下的諸多過錯而被罪惡感所折磨，這正是他通往更生的必經之路。

「我現在滿腦子想的都是如何重新做人。之前服刑的日子很苦，但是對我來說那些都不算什麼了。回到社會，我想開一間小酒吧，在店裡幫助那些可能誤入歧途的孩子，我想這樣應該可以稍微彌補自己犯下的罪。我終於有夢想了。」小川笑著說。

「老師，最後才是反省對吧？」這是某次面談時，他對我說的話。

小組討論其實是一種「聚餐」

治好心裡的傷，才是真正的教育

第4章

Chapter 4

グループワークは「飲み会」です

凶悪犯罪者こそ更生します

◆受刑人都不想參加小組討論

本章是我實際對受刑人進行團體授課的方式，團體授課在矯正教育中稱為「改善指導」。

改善指導分為「一般改善指導」與「特別改善指導」。一般改善指導是針對所有受刑人，內容是敦促反省的教育；特別改善指導則是依照犯罪類別（吸毒、殺人、性犯罪等）施以相應的教育。改善指導是以團體方式進行，讓成員在課堂上交流，這種形式一般叫作小組討論，在矯正教育領域通常稱為「團體輔導」。除非有必要特別註明，以下統稱改善指導。

參與改善指導的成員是由監獄官挑選，（半）強制他們上課。即使不想參加也無法拒絕，因為拒絕可能被懲罰，影響假釋的申請。因此，不甘願出席的人會在課堂上表現出「我不想上課」、「我一句話都不想說」的不悅態度。

關於小組人數，我認為五、六個人最適當。超過這個規模就較難進行討論，發言人數也有限，變得像在聽講，失去小組討論的意義。

就我所知，多數人都不想參加改善指導，當然各監獄狀況和犯罪類型不同，不能一竿子打翻一船人，但他們的想法大多是「反正又是叫我反省」、「搞得這麼麻煩，不如叫我做監獄作業還比較輕鬆」。不過也有少數人認為「這是學習的機會，我想參加」，在課堂上積極發言，而那些被（半）強制來上課的人也會漸漸開始發言。積極發言的受刑人所說的話會帶動其他受刑人，讓他們開始表達自己的意見，許多人就是在這樣的過程中有了轉變。

我的目的之一是，讓心不甘情不願參加的人融入小組，並且主動發言。我的方式是「不要求他們反省，讓他們自由表達心聲」。當他們知道上課目的不是「被迫反省」（當然最終他們會變得「主動反省」），就願意主動開口，畢竟平常在監獄裡有太多不能說的話，這也是我認為受刑人不是「沒有反省」而是「沒辦法反省」的理由之一。

我也負責名為「藥癮戒治指導」的特別改善指導。各位或許會訝異，曾經有位吸毒的受刑人在上課前明白表示「我不打算戒毒，因為我忘不了那種快感」。但討論毒品帶來的快感時會發現，並不是每個人都真心想要繼續吸毒，他們心中其實都有「要是有辦法我很想戒掉」的念頭。如何幫助他們堅定「想要戒掉」的念頭，就是考驗協助者手腕的時刻。

◆把小組討論當作「聚餐」

針對殺人或傷害致死等侵害他人生命、身體的犯罪所進行的特別改善指導，又稱為「納入被害人觀點的教育」，顧名思義是讓受刑人同理被害人，藉由體會被害人（或家屬）的痛苦，進而產生罪惡感。

各地區的監獄（例如大阪矯正管區、福岡矯正管區等）會舉辦「公開授課」，讓其他獄所職員參觀，以了解彼此的課程如何進行。我的納入被害人觀點的教育也曾經開放參觀，但是我沒看過其他人的課程。根據參觀過其他監獄公開授課的同仁所說，授課方式是指導者準備一張描寫被害人家屬悲痛心情的講義，讓小組成員各自讀完後再共同討論。

具體進行方式是，當天指導者把講義發給每個人，讓他們默唸之後，詢問有沒有意見。因為沒有人發言，只好用點名的方式。第一個被點到的人說：「我可以感受到被害人的痛苦，我真的覺得非常抱歉。」一般來說，有人率先發言，應該會帶動其他人陸續發言，但是在這堂課並沒有發生。指導者便按照順序一個一個點名發言，其他人的意見也大同小異，都表示對被害人很抱歉。光是這樣的進行狀況，就可以知道上課成員有多痛苦，成員的痛苦也會影響指導者，讓指導者跟著痛苦，據說最後是在一片死寂中結束課程。以課程目的（讓受刑人理解被害人的痛苦）來說，這個方法算是「正面迎戰」，結果卻無法讓成員之間產生對話，失去小組討論的意義。

這個比喻可能有點輕浮，我認為團體輔導的「理想型態」是「聚餐」，聚餐場合必須是「能夠自由發言的地方」才會有趣。如果有人無法融入現場氣氛，其他人也會介意，於是有人出聲關心他，幫助他融入大家。當然由協助者擔任出聲幫忙的角色也可以，但是由成員來做的話，整體氣氛會更融洽。

教學現場如果硬性維持協助者「在上」、受刑人「在下」的關係，無法打破彼此隔閡。當然有時協助者可以提供建議，但最好只提供討論主題，其他都讓大家自由發揮，如此一來現場氣氛就會變得熱絡。而一旦成員對環境有了安全感，就會說出真心話。

關於小組成員我想補充一點，每位成員都要從課程開始參加到課程結束，結束後該組人馬解散，下一輪課程再由另一組新成員參加。就像聚餐成員的變動會影響氣氛一樣，課程內容也會因成員不同產生變化。從這點來看，「團體」其實可以看作是「生物」，課程內容必須因應小組成員做適當調整，而不是逆向操作，反過來要求成員配合課程內容。

團體輔導的目的終究是為了協助受刑人更生，而不是為了讓課程按照課表進度順利走完，也可以說沒有按照表定進行，其實代表課程進展得很順利。當成員說出自己的心聲，討論當然容易偏離正題，而偏離正題才能真正學到東西。

◆10個月7堂課

我的團體輔導總共會上七堂課（每堂課九十分鐘），至於為什麼是七堂，因為這是獄方委託我時所給的堂數。除了堂數是獄方規定外，課程內容都由我自由安排，所以我會在第二堂和所有課程結束後安排個人面談。令人欣慰的是，許多人在課程結束後的問卷調查都表示「七堂課太少了，希望可以再多上一點」，因為他們在上課過程中得到啟發，也能和同伴彼此訴說，一方面課程對自己有幫助，一方面也覺得愈來愈有趣，因而意猶未盡。我自己也覺得可以再增加兩、三次，但目前還是以七堂課的規畫在進行。

簡單向各位說明這七堂課的基本進行方式。重點是讓成員融入，所以從自我介紹開始，然後用一個小遊戲破冰（為了消除初次見面的參加者緊張而促進溝通的方式）。

我通常會使用「後出猜拳」的遊戲。這個遊戲分為「先出」和「後出」，雙方隨著音樂節奏進行，後出者要故意猜輸，規則不同於傳統的猜拳遊戲。各位可以試試看，其實意外的很困難，因為我們平常猜拳都習慣要贏，儘管後出者有一點思考時間，還是會不自覺猜贏。玩這個遊戲時現場一定會響起笑聲，讓氣氛緩和不少。

我會趁機拋出「新觀點」，詢問成員：「各位是不是認為比賽一定要贏呢？事實上，輸了也有好處呢！」大家聽得一頭霧水，我會再告訴他們：「沒有人想靠近贏的人，但是輸的人大家都會想接近他，因為人都會想幫助輸的一方，沒有人想對贏家伸出援手，所以輸掉比賽其實也是一種建立良好人際關係的方法，不是有句話說『吃虧就是占便宜』嗎？」對於這些「凡事都要贏」的受刑人而言，這段破冰就能帶給他們一些覺察。

接下來進入正題。第一個題材是「反省」，這裡使用的是拙著《教出殺人犯I》提過的偷竊女高中生所寫的悔過書，簡單說就是一名女高中生在雜貨店偷東西，被學校處罰停學在家寫悔過書，內容自始至終都是向大家深深道歉，最後以「我發誓從今以後會改過自新，嚴以律己，認真當個好學生」作結。這名女同學的母親過度干涉她的生活，幾乎每十分鐘就進房間確認她有沒有在讀書；父親則是非常權威，不聽話就對她暴力相向。成長在這樣的家庭環境，她開始出現偷竊行為，之後寫下這篇「像樣的悔過書」。

我會先向大家說明女同學的家庭背景，再讓他們閱讀這篇悔過書並詢問感想，細節已經在《教出殺人犯I》交代過了。這堂課的目的是讓他們思考反省會造成壓抑，成為引發問題行為的能量。隨著課程進行，大家慢慢理解女同學之所以出現偷竊行為，是因為家庭環境讓她喘不過氣，而真正能停止繼續偷竊的方法不是反覆道歉，而是把自己的痛苦、壓力宣洩出來。

總共七堂的課程，前半部我會使用「加害人」而非「被害人」的案例讓大家自由討論，題材包括酒井法子吸毒被捕時的道歉記者會內容，促使他們發現把犯罪歸咎於「因為我很懦弱」、「因為我個性急躁」這類「不清不楚的理由」原來是有問題的，提供他們自我檢視的機會。如果是眾所皆知的知名案件（包含霸凌、虐待等），我會一併提供加害人的生平，讓他們思考當事人為何犯罪。每次的犯罪案例都不同，或多或少會和課程成員犯下的事件相似，也有助於他們面對自己的內心。

◆大家一起思考殺人事件的原因

我使用的加害人案例主要以殺人事件為主，以下說明如何將案例運用在小組討論，並介紹具體進行方式。

事件背景是當事人某天晚上走在路上，碰巧遇見朋友被捲入一場衝突。每次舉這個例子幾乎毫無例外，一定有在座受刑人說：「當然要幫朋友打回去啊！」這時絕對不能講道理，「你就是這樣想，現在人才會在監獄裡」就是大道理，就是說教。

我會把重點放在他講出實話，這麼回應：「哇！原來這是你真正的想法，謝謝你告訴我。」先不管有沒有道理，關鍵是謝謝他「願意告訴我真心話」。接著向他確認：「你的想法我可以理解成『被打了就要打回去』嗎？」然後拋出一些問題：「你過去有沒有因為這個想法『得到』或『失去』什麼？」「你之後出獄，還是用這個想法過日子會怎麼樣呢？」透過對話讓大家理解「被打了就要打回去」是造成犯罪的危險因子。

接下來，我會進一步提問：「那有別的更好的方法嗎？」大多數受刑人都不會有「找人幫忙」或「趕快逃跑」的念頭，因為「人若犯我，我必犯人」是他們深信不疑的價值觀。曾經有位受刑人說「我從來沒想過大叫，找人救我」，更別說逃跑，對他們而言根本不可能有這種想法。此時我會點出，其實「逃跑」用不同觀點也可以看作是保護自己。

來到課程後半部，我會運用一些題材讓他們思考出獄之後的事，例如偶然遇見以前的壞朋友，被邀約做壞事時該如何拒絕對方，並且透過角色扮演讓他們實際演練。

拒絕別人對我們來說其實也不是件簡單的事，因為拒絕可能會破壞彼此的關係，對方也可能因此不再和自己往來，這種傾向又以受刑人最為嚴重。他們表面上看起來堅強，其實內心深處比任何人都害怕孤單。

角色扮演的過程中，曾有受刑人不管怎麼想方設法拒絕，最後還是拒絕不了而接受（此時現場會一片爆笑），我會請他們思考：「為什麼明知道是壞事，還是沒辦法拒絕呢？」有人會說「因為我人太好」，這是錯誤答案。但當時我的回覆是：「原來有這種看法啊，但真正原因會不會是你害怕拒絕了，對方就離你而去呢？只要是人都會害怕孤零零，我也是。」

接著，我會和他們一起確認哪些是必須斬斷的人際關係，再一起練習果斷、不拖泥帶水的拒絕方式。這次演練絕對不能失敗，就算只是做做樣子，也要讓他們確實拒絕對方。

至於為什麼對受刑人的錯誤想法，我會用「原來有這種看法啊」的方式來接納他們呢？原因是我不想否定他們的發言。受刑人很容易因為自己的一句話被否定，就認為「整個人都被否定」，協助者在回應他們或講述自己的觀點時必須有這層考量。

◆這就是面對被害人的方法

課程中段一路到結尾就是面對被害人的重頭戲。

首先我會讓大家自由談論對被害人的想法，不論他們說什麼都安靜傾聽。他們說完後，我再講出我對更生的想法：「被害人絕對不會原諒加害人，能夠更生的條件就是把這件事銘記在心，珍惜與他人的關係，想辦法過得『幸福』，從人際關係中獲得喜悅。但諷刺的是，幸福的感受愈強烈，就愈體會到被害人的椎心之痛。」

所有課程結束前，我會要求他們以「向被害人說明自己重返社會後將如何安排人生」為題，寫下一封「我寫給被害人」的信作為最後的作業，並且在最後一次上課以這封信為基礎，進行角色扮演。具體進行方式是，請小組成員兩兩一組，分別扮演「加害人」和「被害人」，之後再互換角色。加害方要按照自己所寫的信件內容，如實告訴被害方出獄後打算如何安排人生；被害方聽完之後必須給予回應。

針對被害方我會設定一個條件，他可以自由回應任何想到的事，但至少要有一項是正面內容。這是為了讓扮演被害人的受刑人說出「正面」話語後，深刻感受到「真正的被害人」已經不在人世，促使他進一步想到，如果被害人還活在世上，這些「正面」的人生應該屬於他的，而奪走他人生的就是自己。這個部分可以多花一點時間進行。他們有時會在過程中說出自己沒料想到的話，因而有更深的體會，進而加深罪惡感。以上就是這七堂課的進行方式。

此外，上課過程中成員會提出各式各樣的問題，所以也會偏離主題，但這些離題的提問其實點出很重要的課題，這些都是受刑人過去在社會上實際經歷的事情。

舉例來說，我提供的案例是看到朋友被人毆打，兩肋插刀出手相救，結果一發不可收拾，最後殺了對方。受刑人會問我：「如果被揍的是自己老婆，那要怎麼辦？」我也遇過練習拒絕時，有人提問：「如果對方威脅『別怪我對你老婆不利』，那要怎麼辦？」這些都是他們的真實經歷，所以才這麼問。我會說：「哇！你問了一個很好的問題！還是我們大家一起想想呢？」

當我請其他成員給意見，有時會有人開始講述自己的案件。這是他們第一次把內心的痛苦攤開來與人分享，其他成員聽了會感受到「被信任」，進而強化彼此的信賴感。如此一來，不但說出自己問題的受刑人會有所改變，一起傾聽並認真思考的受刑人也會跟著產生變化。

此外，我也會和成員「交換筆記本」，了解每個人的感受與想法，也能培養信任感。我出的作業除了每次都要寫的「課後心得」外，還有主題寫作，通常是「我最近思考的事（煩惱的事）」、「小時候開心／悲傷／痛苦的事」、「別人給我添的麻煩」，或是運用角色書信療法寫信，例如「我寫給父母（照顧者、手足等）」、「我寫給被我添麻煩的人」、「我寫給重要的人」、「我寫給被害人」等，有時也會配合個人提問指派不同題目。對於他們交回來的文章，我會一一寫上回應和意見，再還給他們。透過這個方法，他們可以把不敢在其他成員面前說的事寫下來，我很重視像這樣好好接住每位受刑人受傷的心的過程。

◆宣洩對共犯的負面情緒

本章的最後我也會介紹接受團體輔導的受刑人案例，個案是第一章提過的吉本，他對同夥主謀懷抱著強烈的負面情感。

先簡單說明吉本的成長歷程。他家中一共五個人，有祖母、從事自營業的雙親、吉本，以及妹妹。他是長男，父親的管教方式很嚴格，也會對他暴力相向。他在高中就常因為打架被校方處罰停學。高中畢業後出社會工作，但因為人際關係出問題，每個工作都做不久。三十出頭經由派遣公司介紹找到工作，也在那時透過黑道朋友認識被害人橫山。

接下來，我會將吉本在筆記本上寫的課後心得和兩封信摘要出來，請各位從「第一手文字」中感受他的內心變化。

【課後心得】關於偷竊女高中生的悔過書

今天我才知道，以前做的反省不過是做做樣子而已，原來我根本沒有「眞正」反省。

我確實反省過好幾次，也認眞思考過，希望自己不要一直重複同樣的失敗。結果事與願違，還是失敗了。這種時候我會很厭惡自己，覺得自己到底在幹麼，而且同樣情況發生過很多次。現在我終於知道問題出在哪裡，因爲我沒有找出眞正原因，一味關心失敗本身，忽略了重要的成因。

吉本已經清楚理解到本書說明的反省問題。他過去反覆經歷「失敗↓（表面）反省↓自我厭惡」的模式，而厭惡會讓他更不想面對自己。上完這堂課，他從一味的反省轉變為探索「原因」。

我在課後與他面談，他提到同夥主謀違背「萬一被抓到，我不會把你們供出來」的承諾，對此非常氣憤。我請他寫一封給主謀的信當作功課，寫完後再寫下感想。

我寫給田中（化名，案件主謀）

田中，我有超級多的話想對你說。第一個就是想問你，你現在心情如何？有沒有絲毫覺得對不起我們？

你之前幫了我很多。多虧你，我的生活還算過得去，沒什麼大問題。但也因為你，全都毀了！我不得不跟家人分開，我變得一無所有。

我無法參與孩子的成長，還害他變成殺人犯的小孩，被世人用異樣眼光看待，未來日子會有多艱辛、多痛苦，你知道嗎？他正值多愁善感的年紀，現在只要一想到小孩，我就對你一肚子火！

（中間省略）

橫山死了，最輕鬆的不就是你自己嗎！

我一輩子都不可能原諒你，死也不會！

（以下省略）

寫完信的感想

老師在面談時鼓勵我把心裡的想法抒發出來，不用管用字遣詞是否得體，總之寫就對了。所以這次我把一直想對主謀說的話寫了下來。

動筆之前，我愈想愈生氣，但寫完之後慢慢感覺心情不再鬱悶。就像我跟您說過，以前我不管遇到什麼事，大多不會讓人知道，不過以後我會試著用書寫的方式發洩心情，不要憋著。

吉本對主謀滿懷強烈的恨意，藉由書寫把「嘔吐物」吐乾淨之後「心情不再鬱悶」。假設他一直沒有機會將恨意一吐為快，憎恨會因為壓抑而更加強烈。懷著強烈恨意重返社會，萬一偶然遇到那位主謀，說不定動手殺人的就是他。但是宣洩完負面情感後，再犯機率變小，他也跨出通往更生的困難門檻。

◆深入自我理解，感受自己的轉變

【課後心得】關於虐待案件

我不知道自己爲何誤入歧途，又爲什麼反覆叛逆、使壞，直到上了這堂課。

現在我至少可以講出原因，因爲我很在意別人的看法、很想得到關注，也感覺似乎可以慢慢接受這樣的自己，並且設法改善。就像老師說的，了解原因、好好面對，才不會重蹈覆轍，這個道理我漸漸可以懂了。

我也理解到愈是要求自己「好好努力」、「好好認真」，就愈是忍耐和壓抑，最後又爆發出來。所以不是忍耐，而是誠實面對自己的弱點，也能在別人面前展現這樣的自己，我會試著這麼跟人相處。能有多少改變，取決於我有多努力，但更重要的是這課堂告訴我，愈是急著改變就愈可能走偏，所以我會照著自己的步調慢慢改變。

我提過不論圍牆內外，人的煩惱其實沒有太大差異，而其中一個煩惱就是「在意他人的眼光」。各位或許會感到意外，受刑人其實都是過度在意「別人會怎麼說我」的人，而且在意程度幾乎要用過敏來形容，和現今的小孩年輕人相比，有過之而無不及。

為什麼受刑人會過度在意他人眼光呢？原因來自小時候的親子關係，雖然原因不只一種，但其中之一是父母的嚴厲管教。當父母採取嚴厲的管教方式，小孩就會「想辦法不要被罵」，時時刻刻察言觀色。如果父母像吉本的父親那樣會動手打小孩，小孩要不是成天擔心自己何時挨揍，就是為了不挨揍而設法當個好孩子。社會上普遍認為非行少年和罪犯都是「父母沒教好才會變壞」，其實多數情況是他們都受到「過度管教」，這才是造成犯罪的原因。受刑人背負的童年問題與現在的兒童或年輕人相比即使有程度上的差異，但絕非毫不相干。

吉本因為受到父親拳打腳踢的嚴厲管教，養成「像個男子漢」的價值觀。人受到什麼樣的對待，就會同樣如此對待他人，吉本之所以開始使用暴力也是受到父親的影響。他提到自己「想得到關注」，而他的方式是展現男子氣概和力量，以獲得他人認同（＝被愛），這樣的行為到了青春期變得更明顯，演變成透過暴力尋求認同。

他理解到自己過去出現問題行為的原因，並且試著接納這樣的自己。他不再愛面子、逞強，而是選擇面對自己的弱點。他決定以「真實的自己」活下去，內心也變得更有「餘裕」，看來他已經充分理解到壓抑會導致犯罪。

這裡還必須注意一點，他提到「照著自己的步調慢慢改變」。許多非行少年和罪犯的人生都重複著「趕快做出成果↓拚死拚活努力↓做不出成果而自我厭惡↓再次誤入歧途或犯罪」的模式，趕快做出成果好得到他人認同就是「想要被愛」，其根本原因還是出自於對愛的強烈飢渴。

◆為什麼得到幸福才會產生罪惡感

【課後心得】關於筆記本的提問（家人被騷擾該怎麼辦）

謝謝老師今天在課堂上舉出我家人被騷擾的例子，和大家一起討論。

一開始我很猶豫，也有點抗拒要在大家面前講出自己的經歷，但又覺得這次應該好好面對，所以把眞正的感受、對被害人的想法說了出來。

就像我在大家面前說的那樣，到現在我還是對被害人橫山心懷怨恨，還是覺得要是沒認識他，我也不會變成這樣。

（中間省略）

全部說出來之後，心裡覺得很舒暢，也重新回頭思考案件。

我開始改變對被害人父母的想法。就像這次跟老師說的，如果今天把立場對調，換作被害人是我的小孩，我絕不可能原諒對方，就算孩子眞的有錯也不該因此喪命，我一定會認爲全都是加害人的錯。想到爲人父母的心情，橫山父母現在的想法一定和我一樣。那麼，我能做的只有「讓自己得到幸福」對吧？

（中間省略）

老師您一定也懂監獄裡的生活常有各種衝突，以前我會直接跟對方吵起來。現在我知道要想辦法講清楚、好好處理，選擇一條可以解決問題的路。如果是自己有錯在先就乖乖道歉，也要把自己的想法告訴對方。現在的我已經可以做到這樣，也發現了跟過去不一樣的自己，我覺得很開心，也很幸福。我想要慢慢累積這些小小的幸福，作爲向被害人和家屬的贖罪。

對於受刑人在課堂上產生的疑問，我除了在筆記本寫下回應之外，也會取得當事人同意，將他的個人疑問作為「大家的課題」，在課堂上提出來討論。

課堂上，吉本當著大家的面講出自己的犯案經過、對被害人的恨，這些真實想法在監獄裡無法對人所言，必須長期壓抑。說出來之後，他感到心情變得「舒暢」，就像把原本吐不出來的東西全部一吐為快之後所感受到的那樣。也因為心情有所轉變，他終於能站在被害人家屬的角度思考，體會對方的悲痛。整理好自己的心情，自然會產生想關心別人的心情，由此出發，才能真正理解被害人的痛苦。

以下是我出給吉本的最後一次作業——寫給被害人家屬的一封信。

我寫給被害人家屬

橫山媽媽，好久不見，從最後一次見面到現在已經過了〇年。最後一次見到您，是在△縣的法院。法庭上輪到被害人家屬發言時，您對著我們幾個被告說，橫山（兒子）固然也做了壞事，但是他已經打算脫離黑道，當個普通人，過著正常日子，所以就算做了過分的事也不該被殺掉，彷彿把自己兒子講得都沒有錯一樣。

當時我心裡想的是，您憑什麼說那種話？怎麼可以無憑無據說得頭頭是道？畢竟您應該心裡有數，您兒子生前，每當您到家裡找他，他都會給您零用錢或買東西送您，而那些錢都是犯罪得來的利益。您應該也隱約知道，那些流到您兒子手上的錢造成我們多大的痛苦。但是您卻在法庭上說他打算脫離黑道，我真覺得您不要睜眼說瞎話，我想其他人也是這樣想的。因此，我要清楚告訴您，我認爲您是爲了陷害我們才那麼說的。

從那之後到現在過了〇年的歲月，我心裡也有許多糾葛。我失去金錢和信用，更令我痛苦的是重要的人一個接著一個離世，讓我陷入無以名狀的悲傷。

經歷了這些事，再加上上課的影響，我心中對您和您兒子的想法慢慢產生變化。我也是爲人父母，所以能體會您的心情。假設今天是我小孩面臨您兒子的狀況，生命斷送在別人手裡，我也會跟您一樣不顧一切讓對方接受嚴厲懲罰，也會無視於自己小孩做的壞事，想方設法幫他講好話。畢竟從小看著他長大，一定知道他善良的地方，不論其他人如何異口同聲說他是「壞人」，做父母的都會選擇相信孩子！所以，您一定不可能原諒我們。正因如此，我就算希望「請您原諒我」，我也說不出口。但是，我在這裡學到要讓自己變得幸福，才能從幸福當中面對您和您兒子。爲了贖罪，我會努力得到幸福。

您的兒子原本也有機會獲得幸福，而現在由我代替他活著體會那份幸福。每當感受到幸福的同時，我就會想起他、想起您。我想用這樣的方式好好贖罪。我不會請求您原諒我，但是懇請您理解我的想法。

（中間省略）

我很想告訴您我全部的眞心話，通篇都是我個人的心情抒發，眞是抱歉。或許您難以理解，還請接納這就是我的眞正想法，謝謝您。

吉本因為橫山母親在法庭上「睜眼說瞎話」，對被害人家屬充滿恨意，可想而知他在法庭上不僅沒有反省，恨意還更深。但隨著課程進行，他把自己兒子想成是被害人，並且理解被害人「不可能原諒」加害人的事實。而他之所以能如此換位思考，正是因為把內心的負面情感全部宣洩出來。

他在最後寫下自己的贖罪方式：「每當感受到幸福的同時，我就會想起他、想起您。」這看在被害人家屬眼中一定是無禮至極，但誠如我之前所說，要彌補自己的罪過，必須與人建立關係，獲得幸福。一旦過得不幸就代表無法與人建立關係，那麼遑論彌補罪過，孤單和壓力只會更加強烈，最壞結果就是導致再犯，不要說贖罪了，還產生新的被害人。我希望已經出獄的前受刑人們一邊謹記被害人絕對不會原諒自己，一邊設法「得到幸福」。

諷刺的是，加害人愈是幸福，對於自己奪去他人性命的罪惡感就愈是強烈，一路持續到死亡的那天。吉本的這封信清楚說明獲得幸福與贖罪的關係。

◆一位成員的自我揭露會讓其他成員敞開心房

對同夥共犯心懷恨意的除了吉本之外還有另一名受刑人，我在第一章也介紹過他。兩人不但有類似的犯案經歷，而且一同上我的課，偶然成為同組成員，姑且稱他為新井。

三十多歲的新井從小在哥哥的拳頭下長大，長大後仍對哥哥言聽計從，因為協助哥哥搬運屍體而入罪。課堂上聽到吉本訴說真心話，寫了以下的課後心得：

今天聽到吉本講自己的經歷，我非常震驚，原來有人跟我一樣有相同的煩惱。雖然各自煩惱的對象可能不一樣，但還是讓我相當震驚，同時又獲得了勇氣，讓我也想改變自己。

得知煩惱的不只我一個人，讓我覺得很安心。

他後來在筆記本寫到「很常回顧犯案前的生活」，並從案發時的心態發覺自己的問題點。他其實很期待哥哥會給他一筆高額的報酬，但他不想面對自己真正的想法，所以把責任轉嫁到哥哥身上。而他之所以能回頭自我檢視，是因為受到吉本敞開心房的影響。

藉由新井的案例，我想強調的是，具備「能夠自由說真話的場合」和「願意接納真話的第三者」，就能讓受刑人擁有依賴與被依賴的經驗，也才能主動反省並且邁出步伐，踏上通往更生的道路。一名受刑人的自我揭露能撼動其他成員的內心，這就是團體輔導才能做到的絕佳效果。

所有課程結束後的感想

我本來以爲改善指導就是叫我們反省、向被害人道歉，但是老師在課堂上一個字都沒提到。忘了是第幾次的作業，老師要我把想對主謀說的話一五一十寫下來，當下我還眞的嚇到說不出話來。

我這才發現「像個男子漢」的觀念是來自父親的嚴厲管教。以前的我一心認爲「被打了就要打回去」，原來這種想法把我進一步推向犯罪。沒有老師的引導，我根本不可能察覺。現在的我了解到，不用管像不像個男子漢，有弱點就接受，不想做的事就拒絕。雖然要花上一些時間，但是我會慢慢努力。有些事情我以前會覺得很丟臉，現在我知道那不是丟臉，而是人本來就可以有選擇，謝謝老師讓我發現到這點。

（中間省略）

以後我會好好感受每一分微小的幸福，並且連同被害人和他家人的分也一點一滴好好感受。隨著對被害人的想法轉變，我自己也慢慢產生變化。寫完「我寫給被害人家屬」的信之後，我開始體會別人的感受。畢竟我也是爲人父母，所以更能理解被害人家屬的心境，也才在最後的角色扮演那麼投入、那麼激動。

我之所以能在課堂上鼓起勇氣且積極參與，都是因爲老師您在筆記本上給我的回應。對於我所寫的一字一句，您都會給予溫暖的回覆、鼓勵，甚至誇獎我。打從我有記憶以來，我就不曾被人誇獎過。都已經老大不小了還被稱讚，一開始覺得很不好意思，但是現在的我能慢慢體會被讚美時的好心情。我想改變自己！

吉本因為說出真心話，感受到內心的轉變，又因為對自己的轉變感到開心，產生「改變自己」的念頭。此外，我在課堂或筆記本的回應讓他感受到「好心情」，可見真的能改變一個人的不是懲罰，而是給予支持，投注身為協助者的「愛」才是必要的，這是吉本教會我的。

第5章

監獄能夠好好面對受刑人嗎？

治好心裡的傷，才是真正的教育

Chapter 5

刑務所は受刑者と向き合えるのか？

凶悪犯罪者こそ更生します

◆長刑期累犯受刑人處於放生狀態

日本目前已經修法讓所有受刑人都有義務接受改善指導，然而真實情況是，LB指標這類收容長刑期累犯受刑人的監獄，幾乎沒有對受刑人進行任何輔導，更別說是改善指導。

美達大和寫的《圍牆內的運動會》中，主角光岡與因殺人入獄的前黑道萬田三雄（六十六歲）有以下對話。光岡對於身邊受刑人不論服刑多久都不思反省感到困惑，便向已經服刑十九年，對LB指標監獄瞭若指掌的萬田提出疑問：

「監獄裡不會進行教化嗎？」

「這種做做樣子的課是起不了什麼作用的。上過課的人說什麼懂得反省悔過，不過是說給獄方和媒體聽的好聽話罷了。」

新法實施後，應該依照犯罪類別給予不同的矯正課程，然而現實是好幾百人裡大概只有一個人能上課，而且一個月只有一兩次，完全徒具形式。LB指標監獄的囚犯比一般人想的更沒有悔悟，犯罪成爲他們維持生活的手段。

這些囚犯對自己的犯行沒有一丁點的懷疑，也不懂得自我反思，今朝有酒今朝醉，就是不斷再犯的囚犯人生。

「監獄沒辦法讓他們更生嗎？」

「首先要增加有指導能力的監獄官人數，還要讓理解囚犯的人來安排課程才會有用。那些稱作專家的傢伙搞出的輔導根本不痛不癢，這就是現狀。」

萬田環顧四周，輕輕嘆了一口氣。

（一一〇至一一一頁）

萬田說的話忠實呈現了當今LB指標監獄裡的改善指導情況。雖然「好幾百人裡大概只有一個人能上課」多少已經有所改善，但仍是少數中的少數。而課程是否「讓理解囚犯的人來安排」很難說，進行次數也僅止於「每個月一兩次」，被說是「徒具形式」也不奇怪。

受到重刑化趨勢的影響，全日本十六所收容ＬＢ指標受刑人的監獄都已是超額狀態。這些獄所收容了數百甚至上千名的受刑人，即使增加一兩名教育專門官（少年院的法務教官派任到監獄時的職稱，由於他們在少年院有矯正教育的經驗，被賦予教育專門官的任務），也不可能讓所有受刑人都分組，進行多次的小組討論。有些獄所甚至因為協助人數太少，改為發講義讓受刑人自習，塑造有在進行教育的「表象」。沒有「人」的協助，用一張「紙」就讓人更生，談何容易。然而，畢竟現在還沒有一套對受刑人進行教育的方法，加上協助者人手嚴重不足，如此現況也很難完全責怪獄方。

一般來說，我們會認為愈是窮兇極惡的罪犯愈需要好好教育，現實情況卻是相反。我在前面篇章說明過受刑人會先分類為Ａ指標或Ｂ指標，Ａ是初犯等犯罪傾向較輕微者，B則是犯罪傾向較嚴重者，刑期達十年以上的長刑期受刑人會再加上L的標記，簡單來說，量刑的輕到重分別是A↓B↓LA↓LB。而在部分盡可能讓更多受刑人接受「教育」的監獄，也是按照刑期的輕到重，以A↓B↓LA↓LB的順序安排課程（這是基本原則，不同監獄可能採取不同做法，順序也可能不同）。

那麼，為什麼針對量刑輕的受刑人會安排較多的課程呢？理由是他們比較快出獄，為了預防再犯，才讓刑期較短者優先接受教育。至於量刑較重的受刑人距離出獄還有很長一段時間，所以就被往後移了。

按照這個邏輯，無期徒刑受刑人無望獲得假釋，才會在監獄長達數十年卻未曾受過任何教育。我的看法是，罪行愈重的人，內心潛藏的問題也比其他人更為深沉、嚴重。照理說他們更需要接受完整且長時間的教育，現實狀況卻正好相反，重刑犯接受教育的機會遠少於其他受刑人，而長刑期累犯受刑人現在更是被貼上「無法更生」的標籤。

◆「我已經放棄人生了」

按照我的想法，不禁令人懷疑，現在監獄對受刑人進行的改善指導真的是在幫助他們更生嗎？問題不只什麼樣的受刑人可以接受改善指導，課程內容本身也有需要解決的課題。至於是什麼樣的課題，本書提到的「納入被害人觀點的教育」就是很明顯的例子。納入被害人觀點的教育指的是讓受刑人同理被害人，並敦促其反省的課程。我也說明過很多次，這個方法其實得不到效果。明明看不見成果，課程內容卻絲毫沒有改變，又是為什麼呢？

原因是，不論教育專門官、監獄官，或設計課程的法務省職員，都打從心底認為「讓受刑人同理被害人，然後好好反省是理所當然」，這是他們唯一知道的方法，畢竟他們自己從小到大只要做錯事，就被教導將心比心、好好反省。

在此我要介紹一位因殺人而入獄，且近六十歲的受刑人，以下是他上完我全部的課所寫的感想。雖然只是一名受刑人的感想，但從中可以了解長刑期受刑人服刑期間的想法，在接受改善指導前心裡又是怎麼想。

上了一整年的課，我之所以能持續參與，最大原因是老師的上課方式。如果整天逼我們反省，我應該早就放棄了。

但老師的課自始至終都在教我們思考事情的方式，我也變得開始主動思考、面對自己。不僅如此，其他成員的意見也讓我學到很多。每個人的發言都代表著他們的人生，光是這樣就很有意義，讓我獲得從未有過的覺察。

（中間省略）

這一年我過得非常充實，最大收穫是我想在社會上立足，與人建立對等的關係，好好地生活。老實說，我本來已經放棄人生了，我認爲再努力也「無力回天」。現在回想起來，有那種念頭代表我其實已經不把自己當人看，出獄之後一定也沒辦法活得像個人。但是，我感覺這一年的課程像是給予我肥料，讓我成長，就算外面的人看不出來，但我確實感受到土壤裡有東西在成長。從自己口中說出這些話也讓我感到莫名的喜悅，原來我這種人還有未來。

這段文字教會我們幾件事。首先是何謂教育，或許有人覺得這些人憑什麼，但是他們真的已經受夠反省教育。他們需要的是**「思考教育」**，而非反省教育，如此才能幫助他們真正面對自己。

最重要的一點是，這名受刑人透過成員間的互相學習，產生出「與人建立對等關係，好好生活」的想法。他的真實心聲是「本來已經放棄人生」，畢竟很多人一定認為，像他這樣年近六十且長年在獄中服刑的受刑人就算回到社會，也很難「活得像個人」。這些人犯下不可原諒的殺人罪是不爭的事實，但是長年的牢獄生活也讓他們的心慢慢「死去」，這種狀態下再施以反省教育，很可能讓他們的心徹底崩塌。

如前所述，ＬＢ指標監獄內能接受改善指導的受刑人寥寥無幾，絕大多數的人都在「必須反省」、「乖乖服刑」的氣氛下過日，他們的心早已精神性死亡。現今的監獄成了讓罪犯有心反省，也反省不了的地方。

◆對監獄的矯正教育，5個「現在就能做」的建議

說老實話，我認為有必要徹底扭轉監獄內以管理和維持秩序為第一要務的原則。身為從事矯正教育的一分子，我也很清楚改革無法驟然推動。為了讓現今體制或多或少有些改變，也讓監獄好好面對長刑期累犯受刑人，我要提出五個只要有心「現在就做得到」的建議：

1. 指派功課，讓志願者接受個人面談

為了讓受刑人表達心聲，個人面談有其必要，但也做不到面談所有人，更不能強制面談。我認為可以從有內省想法且主動想嘗試面談的人做起。

至於挑選方式，可以先讓他們觀看受刑人揭露心聲並努力更生的影片（例如坂上香於二〇〇四年執導的電影《Lifers 超越終身刑》[5]），或是閱讀受刑人接受角色書信療法的案例，再寫下感想。接著從中選出對影片或文章內容有所共鳴，且希望接受個人面談的人。如此一來，至少接受面談的那個人可能因此獲得更生的契機。一旦這個方法奏效，自然會有更多人希望持續接受面談。

不過，這麼做必須確保有足夠的人力。具體來說能擔任協助者的是臨床心理師，但也並非所有臨床心理師都擅長面對非行少年或罪犯，在此之前要先指導他們相關技巧。

2.在教育處遇日進行小組討論

目前監獄裡每個月會有兩個週五是「教育處遇日」，這天會暫停監獄作業，讓所有受刑人接受一般改善指導。

具體運作方式由各監獄自行訂定，有些獄所會提供簿記等技能課程，不過能上課的人還是屈指可數，絕大多數人都是觀賞講述被害人心情的影片、聆聽被害人家屬口述的錄音。獄方也明白要是每次都提供相同內容，受刑人再有心也會覺得「又來了」，所以中間會穿插偉人傳記或紀實節目，煞費苦心。然而受刑人是在各自牢房觀看或聆聽這些內容，畢竟外頭有監獄官在巡視，他們看起來「很認真」，但內心想法如何就不得而知。此外，這一天的時間很寬裕，就算看影片最多也不過兩小時，其他都是自由時間。

其實公部門設定教育處遇日的真正目的是讓職員休假。儘管受刑人數量一路增加，公務員人數反而遭到刪減，所以為了讓在職人員休假，只好出此下策。即使「家家有本難唸的經」，不過既然教育處遇日會有多餘時間，不好好利用就太浪費了。

這些時間用來學習專業技能固然重要，但更重要的是學會增進人際關係的技巧。一如我多次強調，讓受刑人在一定範圍內自由表達有其必要。所謂「在一定範圍內自由表達」，具體就是有監獄官或像我這樣的外部協助者在場的情況，提供主題（例如「如何做到真正的反省」、「哪裡是我的歸屬」、「關於像個男子漢的價值觀」等），讓大家自由討論。

如果獄方無法安排改善指導，可以嘗試利用教育處遇日，例如上下午分別安排九十分鐘，各有一個小組可以進行討論。假設一組六個人，就有十二人可以參加，如果有兩組就有二十四人參加。以每三個月或半年為週期進行，就能讓很多受刑人有上課的機會。當然也可以利用其他時間，但我是希望有效利用教育處遇日才如此建議。

3.僱用已出獄的前受刑人擔任「外部協助者」

美國的部分監獄已經開始推行這項做法，主要推動者是名為Amity的組織。我之所以認為這個方法可行，除了海外有實際案例外，主要是我過去協助的受刑人當中，不少人都表示「想從事幫助人的工作」。

具體而言，可以讓他們擔任第二點提到的教育處遇日小組討論的外部協助者。長刑期累犯受刑人並不了解前受刑人更生與出獄後的樣貌，雙方也都有服刑經驗，應該對很多事情有所共鳴。有些話在一般外部協助者面前可能難以說出口，如果對象是前受刑人或許就辦得到。這個做法會牽涉保密問題，必須小心處理，不過只要和前受刑人緊密合作，增加實體討論次數，應該不會有太大問題。

這個做法對已出獄的前受刑人也會帶來好的影響，可以想像成功更生的他們成為正在服刑的受刑人的「好榜樣」，協助他人也會讓自己感受到「活著的價值」。最重要的是提供就業機會，畢竟出獄後若是經濟困窘很容易造成再犯，我認為把稅金用在這種地方很有價值。

4.讓刑期過一定比例且滿足一定條件的受刑人，在社會上生活一段期間

這是一項很大膽的提議。首先，「一定比例」的刑期是多久？法律規定的假釋條件是有期徒刑且執行超過刑期的三分之一[6]，也就是被判處三十年有期徒刑的話，服刑十年就有機會申請假釋。但現實狀況是，受到重刑化等因素影響，「三分之一」已經徒具形式，幾乎沒有受刑人可以在這個階段出獄，最快至少要待滿「三分之二」刑期。長刑期累犯受刑人總是說十年「一眨眼」就過去，是因為適應環境後時間感變得遲鈍。

在牢獄裡的受刑人因為已經徹底習慣被剝奪自由的日子，更有必要讓他們

重新體會自由被剝奪是何等的痛苦。正因如此，才要在「一定比例」刑期也就是過了「三分之二」刑期，並滿足「一定條件」下，讓他們在社會上生活一段時間。所謂「一定條件」是服刑期間老實安分、已有相當程度的內省、復歸社會不會出問題。至於生活時間要設定兩週、一個月或三個月，交給獄方判斷即可。畢竟是讓受刑人離開監獄，如何設定條件必須審慎評估。

問題是，他們在社會上要如何生活？我建議讓他們實際工作或從事志工活動，提高社會對他們的接受度，並且提撥補助款給接納他們的單位。此外還要讓他們與普通家庭一起生活，也就是體驗溫暖的家庭生活。當然接待家庭的挑選必須慎重其事，最好反覆讓受刑人和接待家庭共同面談，確定「絕對沒問題」再開始執行。儘管時間有限，一旦受刑人感受到家庭的溫暖，就能理解自由被剝奪的痛苦，同時體會人情的溫暖。這樣的體驗有助於深入內省，可望在後續服刑期間出現大幅轉變。

這個方法等同於給予受刑人「愛」。當他們結束社會上的生活再次回到監獄，可能會感到相當痛苦，這就代表我們給他們的愛很諷刺，變成一種懲罰，某種程度上可說是相當殘酷的方法。即使如此，我很建議監獄採行這項方法，**因爲不被人所愛的人不可能眞正重新做人。**受刑人從來沒有感受過「真實的自己」被愛，正因如此，有過「真實的自己」為人所接納的體驗後伴隨而來的是極大的痛苦。我希望他們藉此感受「人情的溫暖」、「被重視的喜悅」，並且記住這個體驗。帶著這個感受服完剩餘刑期，回到社會上與人建立關係，好好過日子。

5. 教育受刑人之前，先教育監獄官

事實上，這可能是最困難的建議，原因已經提過很多次，因為監獄官打從心裡認為「反省是理所當然」。

立志當監獄官的人通常有著強烈的正義感，剛任職時內心一定充滿熱忱，

想好好矯正受刑人錯誤的想法。然而很遺憾，這樣的熱忱無法為受刑人帶來正面影響。懷抱強烈正義感到現場工作的監獄官，看到受刑人不思反省的態度，不少人的熱忱隨之消退，取而代之的是無力感。

這種情況下若出現一位用關懷角度對待受刑人的監獄官，很容易被認為是「譁眾取寵」，不難想像這樣的人在組織裡會變得格格不入。為了避免這種狀況，教育受刑人之前必須先讓監獄官理解關懷才有助於更生，並透過在職研習等方式傳授他們經驗和技巧。當然要改變所有人的想法很困難，但每多一個人學會，就多一分希望。

以上是我認為監獄「現在就能做」的事情，乍看之下是很大膽的建議，但只要獄方真心想幫助受刑人更生，並非做不到。獄方最擔心的就是發生意外，尤其是第四點建議，畢竟是讓受刑人離開監獄到社會上，或許會認為這種做法很危險。要實現這些建議當然要避免意外發生，但是我認為只要受刑人打從心裡反省，並且與監獄官建立信任感，意外都是有辦法避免的。

增加受刑人在監獄受教育的機會對於更生並沒有太大成效，尤其對長刑期累犯受刑人更是如此。那麼長的刑期裡，光是上幾次課完全不足以協助他們更生，況且內容如果只是要求反省，更是緣木求魚。我們的目的都是減少再犯，為了達成這個目的，內部監獄官與外部協助者必須攜手合作，共同討論協助的大原則，擬定具體計畫加以執行。

5 《**Lifers 超越終身刑**》紀錄片，Lifers 是指被判處終身監禁或無期徒刑的受刑人。片中以參加 Amity 更生課程的 Lifers 為對象，探討他們如何更生並以自身經歷影響其他受刑人。

6 臺灣規定有期徒刑執行超過二分之一、有期徒刑累犯超過三分之二、無期徒刑執行超過二十五年。

結語

治好心裡的傷，才是真正的教育

Conclusion

◆結語

寫完《教出殺人犯Ⅰ》與這本書後，我重新認識到「書寫」的重要性。透過這兩本書的撰寫，將心情和想法以文字表達出來，讓我心中對「反省」、「更生」的看法從原本的模模糊糊，變得更為清晰。

經歷了這些過程，現在的我認為「監獄是讓人反省的地方」，而「社會是將反省用以實踐的地方」。當然也有認真協助受刑人的監獄，但是很遺憾，大多數監獄實在很難稱得上是「讓受刑人反省的地方」。儘管現在看來是理想，我仍然希望受刑人在監獄裡能檢視過往、面對內心、由衷產生對被害人的罪惡感，也希望監獄能提供這樣的教育機會。

受刑人在監獄裡學會真正的反省，再藉由反省獲得的能量重返社會。能否將被害人的悲痛銘記在心，好好與人建立關係，獲得幸福；能否與他人互相扶持，遇到困難懂得找人商量，這些都要回到社會才能實踐。

另外，無期徒刑受刑人即使在監獄學會反省，也可能沒機會復歸社會重新做人。我建議獄方尋求民間的受刑人支援團體協助，在監獄裡提供他們家庭般的生活體驗。獲得他人溫暖的關懷而感到幸福，會讓他們湧現更強烈的罪惡感。這些人日復一日過著對未來不抱希望的日子，有時得靠慣性度日才能讓內心安定。就現況而言，無期徒刑受刑人每天重複著監獄作業，幾乎沒有任何受教育的機會。服刑超過三十年才可能獲得假釋，「好好努力就有機會假釋」這句話不過是在敷衍他們。事實上，「忍耐假釋」（萬事忍耐只求假釋）才是受刑人在監獄裡的現況，獄方應該正視這個問題，認真思考如何建立一套給予真正反省的受刑人肯定的制度。

雖然我主張窮兇極惡的罪犯也能更生，當然因為我的個人能力不足，不如預期的案例也不在少數，然而不論什麼樣的受刑人，只要願意說出真話都有可能改變。反過來說，不肯吐露心聲，只求表面反省的話，任誰都不可能改變。

我要感謝本書提到的所有受刑人，以及其他更多雖然沒有提及，但是願意把心聲告訴我，讓我對「囚犯」有更進一步理解的受刑人。我不懂的事情還很多，需要很多受刑人的教導，這些所學一定會對未來協助受刑人更生有很大的幫助，這是毋庸置疑的。

最後，本書的出版同樣有賴新潮社橫手大輔先生的大力協助，他的寶貴建議讓本書內容更有深度，藉此致上我最誠摯的謝意。

岡本茂樹

二〇一四年六月

教出殺人犯Ⅲ：
治好心裡的傷，才是真正的教育
凶悪犯罪者こそ更生します

作者	岡本茂樹（Shigeki Okamoto）
譯者	黃紘君
主編	陳子逸
設計	日央設計工作室
校對	金文蕙
發行人	王榮文
出版發行	遠流出版事業股份有限公司 104 臺北市中山北路一段11號13樓 電話／(02) 2571-0297 傳真／(02) 2571-0197 劃撥／0189456-1
著作權顧問	蕭雄淋律師
初版一刷	2024年3月1日
定價	新臺幣350元
ISBN	978-626-361-457-4

YLib.com 遠流博識網

www.ylib.com

Email: ylib@ylib.com

國家圖書館出版品預行編目（CIP）資料

教出殺人犯Ⅲ：治好心裡的傷，才是真正的教育
岡本茂樹 作；黃紘君 譯
初版；臺北市；遠流出版事業股份有限公司；2024.03
232面；14.8 × 21公分
譯自：凶悪犯罪者こそ更生します
ISBN：978-626-361-457-4（平裝）

1. 矯正教育　2. 更生保護

548.7114　　112022779